周蓓 主編

『民國專題史』叢書

羅廷光 著

河南人民出版社

各國革命小史

客觀敘述各國革命運動的本質、特殊原因、經過及其影響，資料詳實，敘述流暢，并以此作爲中國革命運動的借鑒和參考

圖書在版編目(CIP)數據

各國革命小史 / 羅廷光著. —鄭州 : 河南人民出版社, 2016. 4(2017. 1 重印)
(民國專題史叢書 / 周蓓主編)
ISBN 978-7-215-10025-1

Ⅰ. ①各… Ⅱ. ①羅… Ⅲ. ①革命史-世界 Ⅳ. ①K101

中國版本圖書館 CIP 數據核字(2016)第 077651 號

河南人民出版社出版發行
(地址:鄭州市經五路 66 號 郵政編碼:450002 電話:65788063)
新華書店經銷 河南新華印刷集團有限公司印刷
開本 710 毫米×1000 毫米 1/16 印張 7.75
字數 120 千字
2016 年 4 月第 1 版 2017 年 1 月第 3 次印刷

定價 : 52.00 圓

出版前言

中國現代學術體系是在晚清西學東漸的大潮中逐步形成的。至民國初建，中央政治權威進一步分散和削弱，加之新文化運動帶給國人思想上的空前解放，新學的啓蒙，新知識分子的産生，民國學術如草長鶯飛，進入一個自由而蓬勃的時代。中國傳統學科乃中國學術之根基與菁華所在，民國學人采用『取今復古，别立新宗』之方法，引入西方的學術觀念，積極改造，使史學、文學等學科向現代學術方向轉型。此外，大力推介西方社會科學的新學科和自然科學，在學習、借鑒乃至移植西方現代學術話語和研究範式的過程中，逐漸建立中國現代學科，使中國的學科門類迅速擴展。一時間，新舊更迭，中西交流，百花齊放，萬壑争流，開創了中國現代學術的源頭。

伴隨知識轉型和研究範式轉換而來的，還有學術著作撰寫方式的創新。中國古代的著作向來以單篇流傳，經後人整理匯編後，方以成册成集的面目出現并持續傳播。直到十九世紀末，東西方的歷史編撰體裁不外乎多卷本的編年體、紀傳體和紀事本末體等，章節體的出現標志着近代西方學術規範的産生和新史學的興起。章節體具有依時間順序，按章節編排；因事立題，分篇綜論；既分門别類，又綜合通貫的特點。以章、節搭建起論述之框架，結構分明，邏輯清晰，較傳統的撰寫體裁容量大、系統性强。它的傳入，使中國現代學術體系從内容到形式被納入了全球化的軌道。民國時期專題史的研究、譯介、編纂、出版恰恰是在這樣的背景下欣欣而發，是學術的實驗場，也是歷史的記録儀。編選『民國專題史』叢書的初衷正是爲了從一個側面展示中國學術從傳統向現代過渡的歷史進程。

專題史是對一個學科歷史的總結，是學科入門的必備和學科研究的基礎，也是對一個時代艱深新鋭問題的解答，是學術研究的高點。民國專題史著作中，既包含通論某一學科全部或一時代（區域、國别）的變化過程的，又囊括對一時代或一問題作特殊研究的，還有少部分是對某一專題的史料進行收集的。原創與翻譯并重，翻譯的底本大多選擇該學科的代表著作或歐美大學普及教本，兼顧權威性和流行性，其中日本學者的論著占據了相當比重。日本與中國同屬東亞儒家文化圈，他們在接納西方學術思想和研究模式時，已作了某種消化與調適，從思維轉換的角度看，更便于中國借鑒和利用，他們的著作因而被時人廣泛引進。

與當代學術研究日趨專業化、專門化、專家化的『窄化』道路迥乎不同的是，中國傳統學術崇尚『學問主通不主專，貴通人不尚專家』的通識型治學門徑，處于過渡轉型期的民國學術在不同程度上保留了這種特徵。民國學術大師諸學科貫通一脉、上千年縱横捭闔之功力自不待冗言，外交家著倫理政治史、文學家著哲學史、化學家著戰争史等亦不乏其人，民國專題史研究呈現出開放、融通、跨界撰述的特點。與此同時必須看到，自晚清以來，中國的命運就在外侮屢犯、内亂頻仍的窘境中跌宕彷徨，民族存亡仿若命懸一綫。這股以創建學科、總結經驗、解決問題爲指歸的專題史出版風潮背後，包裹着民國學人企望以西學爲工具拯民族于衰微的探索精神，及以學術救亡的愛國之心。梁任公曾言：『史學者，學問之最博大而最切要者也，國民之明鏡也，愛國心之源泉也。』這種位卑未敢忘憂國的歷史使命感和國民意識是今人無法漠視和遺忘的。

『民國專題史』叢書收録的範圍包括現代各個學科，不僅限于人文社會科學，學科分類以《民國總書目》的分科爲標準，計有哲學、宗教、社會、政治、法律、軍事、經濟、文化、藝術、教育、語言文字、中國文學、外國文學、中國歷史、西方史、自然科學、醫學、工業、交通共19個學科門類。本叢書分輯整理出版，内不分科，單本發行，方便讀者按需索驥。既可作爲大專院校圖書館、學術研究機構館藏之必備資源，也可滿足個人研讀或興趣之收藏。

與目前市場已有的一些專題史叢書相比，『民國專題史』叢書具有規模大、學科全、選本精、原版影印的特點。本叢書選目首重作者的首創、權威和著作影響力，尤其注重選本的稀見性。所謂稀見，即建國後没有再版，且多數圖書館没有收藏，或即便有收藏，也是歸于非公開的珍本之列予以保存，普通讀者難以借閲。部分圖書雖有電子版，但作爲學術研究的經典原著讀本，紙質版本更利于記憶和研究之用。本叢書精揀版本最早、品相最佳的原版圖書作爲底本，因而還具有很高的版本收藏價值。

『民國專題史』的著作是民國學者對于那個時代諸問題之探究，往往有獨到之處，無論其資料、觀點短長得失如何，要之在中國現代學術史的構建與發展進程中，自有其開宗立論之地位。

目錄

第一章　緒論……一
第一節　革命的本質及其定義……一
第二節　革命的由來……三
第三節　研究各國革命史的目的……七
第二章　英國……八
第一節　英國專政制之發達概況……八
第二節　英國國會之沿革……一〇
第三節　第一次革命的經過……一二

第四節 第二次革命之醞釀及其經過……一六
第五節 英國革命的結果……一八
第三章 美國……二〇
第一節 未獨立前之十三省殖民地……二〇
第二節 英政府壓迫殖民之一斑……二二
第三節 戰爭之經過及其結局……二五
第四章 法國……三〇
第一節 引言……三〇
第二節 促成大革命之各種因子……三一
第三節 第一次大革命之經過及其結果……三五
第四節 第一次法蘭西共和國成立時期……四〇
第五節 一八三〇年一八四八年及一八七〇年的革命……四六

第五章　俄國……五〇
第一節　引言……五〇
第二節　俄國革命之背景……五〇
第三節　一九〇五年的革命……五五
第四節　一九一七年三月的革命……五九
第五節　十一月的大革命……六六
第六節　勞農政府的設施及其影響……六八
第七節　新經濟政策之實行……七七
第六章　德國……八一
第一節　未革命前之德國情況……八一
第二節　德國革命之經過……八三
第三節　革命時期中之各黨派……八四

第四節　革命後之德國概況……八七
第五節　結論……九三
第七章　土耳其……九五
第一節　一九〇八年的革命……九五
第二節　一九一九年的革命……九八
第八章　其他民族……一〇三
第一節　總論……一〇三
第二節　朝鮮……一〇四
第三節　印度……一〇九
第四節　愛爾蘭……一一四

各國革命小史

第一章 緒論

第一節 革命的本質及其定義

什麽叫做革命?『革命』這名詞,在中國古代已經就有那時候所指點的,是以武力爲民請命,除暴安良,如所謂『湯武革命』的便是這和今日所稱道的革命,略有不同。從字面上講,『革命』英名 revolution 平常用來和『演進』(evolution)對立,實則不過較爲急進的意思。巴枯寧(Bakunin)解釋革命說:『在人道進化由未盡善的,而進於盡善』;克魯泡特金(Kropotkin)說:『人道進化由不幸福的,而進於人生較爲幸福。』馬克斯(Karl Marx)本着唯物史觀去解釋革命，認一切革命之起，起於階級爭鬪，從資本家的經濟組織，變爲社會主義的經濟組織，叫做革命。還有人或認革命爲『心的要求』的，或認爲『理想之追求』的，不一而足。據作者的意見，至少須含有下面三種要素，纔能算作革命：

(一)除舊布新；

(二)解除大多數人的痛苦；

(三)使社會得有長足的進步。

除舊布新，原是生物一種普遍的現象，例如植物的芽葉榮枯，動物的新陳代謝，都離不了這個形式。人類的生活，更是時時刻刻一息不懈地努力向前進，向前開展。社會是人的集合體；人既有了變動，社會自然隨着而轉換他的環境狀況和組織，如同人身上的細胞新陳代謝似的。所以一時代形成一時代的社會狀況，一時代卽有一時代社會環境的需要。以前的社會組織，只適用於以前的社會環境；以後的社會狀況，經過遞嬗的變遷，已非以前可比，倘仍拿以前的社會組織去支配以後的社會環境，自然是不可能的。所以除舊布新是革命的第一要素。

有人說流血是革命的特質，這是錯了。軍閥的火併，奸雄的篡奪，乃至帝國主義對帝國主義的混戰，何嘗不流血，難道都可叫做革命嗎？否！否！那正是革命的反面。因爲從這個流血的結果，大多數人民非特絲毫不曾解除他們的痛苦，倒反增加了許多。眞正的革命，是一方解除大多數人的痛苦，同時他方更要增進他們的幸福。所以是破壞和建設並行的。

就大體說，古往今來，社會總是向光明方面前進，無日無時，不是在進步當中的。但不幸有時爲黑暗勢力所籠罩，或被人類惰性所攔遮，結果往往非但不能有加速的前進，甚而有後傾的危險，那時候則非用非常手段以摧陷廓淸之不可。這種非常手段，便是我們所謂革命。

總而言之，什麽叫做革命？乃『準合當時社會環境，除舊布新，謀所以解除大多數人民的痛苦，而使社會得有長足的進步』的便是。

第二節　革命的由來及種類

何以發生革命？革命決不是無緣無故忽然發生起來的，牠有牠發生的背景，來促成牠的實現。

『履霜堅冰由來有漸，』正可拿來充這個解釋。我們倘把革命發生的緣由細細分析一下，至少有下列數種：

(一)社會狀況的變遷；

(二)執政者的庸暴；

(三)外交軍事的失敗；

(四)民族意識的發達；

(五)人民智識的增進。

一種社會組織和制度，演到某一時代便覺得有種種不適合的現象。這因爲社會的實質大大改變了，人類的智識和慾望亦大大進步了，根據從前人的智識和慾望設立的社會組織和制度，當然不能滿足現代的需要；既不能滿足需要，焉得不發生劇烈的改造運動呢？這是革命之起自社會狀況的變遷。

社會本是個極繁複的有機體；非有卓見遠識的政治家或社會改造家，決不足以於此千頭萬緒變化無定的社會狀況中謀極妥善的適應。愚昧者流對於一切宜興宜革的事宜，沒有正確的計畫和合理的布置，非失之太過，便失之不及，結果社會發生了不均衡的現象，由不均衡的現象遂釀成不安定的狀態。這時候不就是社會發生革命的時候嗎？又或執政者爲欲鞏固少數人特殊權利，故不惜施用一切無理的壓迫，以殘害民衆；如此原動力愈大，反動力亦大，揆之物理，固屬當然。

政治昇平，外交勝利，固是國家社會的幸福，民衆引爲極大的光榮。不幸一旦而有外交的失敗或軍事上的不利，時民衆頃刻之間，不由發生輕視政府的心理，由輕視政府的心理進而謀所以推翻而改造之，革命運動，於以發生。

一民族的意識，每不於其盛旺時而特爲顯著，往往在國家危急存亡之秋，一般志士仁人心懷祖國，不惜赴湯蹈火而爲民族爭光榮，爲國家存命脈。古所謂『殺身成仁，捨生取義』等等，都不過是民族精神的反映。故民族意識發達極盛之時，卽革命運動進行最烈之時，一切弱小民族對帝國主義的反抗，亦不能逃出這條原則以外。

最後，人民智識的進步爲革命發生的重要原因，這個更是顯而易見的。人民由較高程度的智識，便發生較靈活的覺悟，由較靈活的覺悟，便發生較有力的反抗。法國和印度，便是兩個正反相證的好例。

至若講到革命的種類，普通約分爲下列三種：

(一)求國際上的自由平等　使各個國家各個民族在國際上彼此都是平等，都享同樣的自由；這個叫做『民族革命』。

(二)求政治上的自由平等　使國內人民無分男女貴族，在政治上都是平等，都享同樣的自由；這個叫做『政治革命』。

(三)求經濟上的自由平等　使社會上一切人民，無貴族平民之別，無地主佃奴之分，都是平等，都享同樣的自由；這叫做『社會革命』，而『經濟革命』是其一種。

此外當然還有所謂『宗教革命』，『文學革命』和『科學革命』等，但以非本書範圍所及，及從略。

第三節　研究各國革命史的目的

我們研究各國革命史，至少可以有下面三種目的：

第一，了解各國革命運動的本質，特殊原因，經過及其影響；

第二，了解近世革命運動之一般原因及情況；

第三，拿來做本國革命運動的借鏡和參考。

這三種目的：第一屬分析的研究，第二屬綜合的研究，第三則爲研究者的歸宿點，這個最關重要。要知道外國的革命運動，畢竟不過給我們一個借鏡和參考而已，決不可原封不動的搬進來，當做天經地義的看待牠。

第二章　英國

英吉利革命，起於十七世紀；其特質為民權與神權爭，國會與君主爭，新教與舊教爭，先後凡八十餘年，經二度之革命：結果則民權勝利，國會制凱旋。新教勢力擴張，而使英國得另闢一新紀元。雖說眞正民主政治，還未能完全實現，然從此以後，英國憲法確獲一大進步；這是毫無疑義的。茲先說英國當日專政制與國會制之衝突概況，而後及其革命的經過與結局。

第一節　英國專政制之發達概況

英國專政制的發展，遠在法國路易第十四（Louis XIV）以前。當都鐸爾（Tudors）朝諸君在位（自亨利第七(Henry VII)至依利薩伯（Elizabeth），即自一四八五至一六〇三年）之時；已將王權基礎穩穩打定。彼等政策蓋首謀財政上的獨立，不受國會之牽制；一方又漸漸操縱貴族，教會，及工業行社，以擴張彼等威權。亨利第七乃是歷史上最有名的君主；當彼御宇之時，國內發生薔薇戰爭，此戰影響：（一）因貴族紛爭，經久不解，結果弄到蕩家破產，貴族勢力衰落，王權便隨而昇漲；（二）這時中產階級及一般民衆均厭惡戰爭，大家以爲欲求和平之實現，非抑壓貴族提高王權不爲功。職是之故，亨利便乘機充分實施其專制手段；減削上院（貴族院）之權，幷大肆顯戮，沒收其財產，奴使其子弟。亨利第八（Henry VIII）及依利薩伯繼之，更使英國國會脫離羅馬教王而獨立，並規定英王爲教會監督。一方更極力限制英國工業與商業的發展。一五〇三年，明令一切工業行社的新訂條例，必先經王室許可，否則不生效力。愛德華第六更藉口宗教問題，把許多行社財產實行充公。

在商業方面，擴張亦不遺餘力。亨利第七曾多方設法將本國貨品輸送至尼特蘭（Netherland）內地，幷煽動冒險家找尋大西洋直通亞洲的航路；依利薩伯又賄賂商人走運貨物，販賣黑奴等，以達其擴充海權，佔奪西班牙位置的目的。自此以後，英王權日沿工商業財政宗教諸方面而澎漲，同時便產生了『中等階級』（Middle Class）。

第二節　英國國會之沿革

英之有憲法，較諸歐洲任何各國爲早。在中古時代，憲法已具雛形，其限制君權之勢力，遠出於法蘭西等國之上。十一世紀前後，已有一種和國會相彷的組織。諾曼人入主英倫後，即由王之扈從及隨員等組織一『大議院』(Great Council) 以襄理國事。這『大議院』便是後來英國國會的濫觴。十三世紀，國內發生反王運動，約翰第五 (John V) 不敵，會於一二一五年被迫而承認反王派提出之『大憲章』(Magna Carta) 條例。按大憲章內容，最重要者，約爲下列三端：

(一)承認在英國歷史上『民衆』(people)（此處所謂民衆，係限於貴族教士，非一般平民之稱）爲保護自身權利，計會經發生過反王運動。

(二)大憲章規定非經大議院許可，英王無擅征特稅之權，爲後來自稅制的發端。

(三)承認此次之反王運動，乃是一種『主持正義』的運動。

衆議院的成立，亦在十三世紀。一二五四年召集的議會，不但已有貴族教士代表，各郡且有騎士代表二人。一二六五年，除此以外，尚有每邑邑長(burgesses)二人。這騎士和邑長，便是日後組織衆議院的要素。一二九五年『模範議會』(Model Parliament)之列席會員除天主教主教、教士、騎士、邑長等而外，更有特別市市民代表二人。

到了十四世紀，英議院逐漸分裂成爲下列二派：(一)貴族教士(小教士則逐漸退出)等，成功後來的上議院(貴族院)；(二)騎士、邑宰、市民等，成功後來的下議院(平民院)。

至英國國會的權限，當初僅爲接收和通過英王提出之徵收稅則，可以說完全立在顧問的地位。嗣後權力漸漸擴展，無形中具有極大的反抗能力，且掌握財政上的大權。十五世紀，因中等階級發達，賦稅驟增，便成『一切財政議案，概由下院提出，上院通過，國王簽字施行』的慣例。不但如此，國會進一步，更取得完全立法權。起初還要經過『立法請願』的手續，以後則只由上下院提出通過，得國王同意便可。

此外行政權，亦爲國會所有；舉凡支配財政，黜陟官吏，要求國王變易政策等，皆是。

總之，在未革命前的英國，是君權與民權同時向外伸張；國會有很久的歷史，有極深的根基，幷有不可過抑的民氣爲後盾；一般君主不察，尙欲試行專制政策，摧殘民意，故君權與民權之衝突終不能免，而英國的革命運動便發生。

第三節　第一次革命的經過

（甲）詹姆士第一在位國會與王室之衝突　一六〇三年，詹姆士第一（James I）卽位，頗欲壓抑國會以自逞。他大蓋是力主君權神授說者，我們從他『由聖立君，由君立法』兩句話上，已窺見其專制思想的一斑。他的意思，是說唯君主可以自由立法，毋庸得國會的同意；凡屬國民，均應臣事於君，生殺予奪，惟君所命。他卽位未久，強迫國會通過補助稅案，國會不允，乃實行重徵關稅；出售爵位及專賣權；使用公債，以求國庫之充裕。議員曾多方反對之，不特反對氏此種行爲，且反對其外交，宗教政策，與夫司法權限等。他大怒，立將議員逮捕，幷逐之出院。一六二一年，衆議院發表『大彈劾』一文，痛斥他過分干涉議院中言論自由爲無道；他見之，益爲忿怒，立撕碎該文，幷令解散議會。如此一來，國會解散是解散了，可是他們兩方的衝突，絕不因而少殺。

(乙)當時的宗教情形　政治衝突，引起了宗教衝突。在依利薩伯的時代，國內中等階級，盛行喀爾文派（Calvinists）新教。他們反對羅馬教之煩瑣禮節，而置重於舊約書的精義及新約書之信條。這派教徒，亦分緩和與急進兩派。前者主張逐漸改良英國國教，仍附於國教之下；後者本澈底不妥協的精神，主張脫離國教而獨立。兩派均不以伊利薩伯之以英吉利教（Anglican Church）為國教之政策為然。

當詹姆士第一在位，他們曾一再要求修正國教及宗教儀式；無如詹姆士不允，且宣言：『人民不服從國教者應離國，他從教士不服從者免職。』他的外交政策，在聯合蘇格蘭，西班牙等盛行羅馬教的國家，以資抵禦；同時却不願加入三十年戰爭。此種政策，誘起國人絕大的反抗，他則始終恝然置之。

(丙)第一次革命的始末　詹姆士第一死，其子查理第一（Charles I）繼之。查理雖較乃父稍具君人之度，然而固執己見，文過飾非，則與乃父不相上下。他亦深信君權神授之說。因其后為法王姊妹，故屢次設法優待羅馬教徒，或引之為本國官吏。查理曾一再向國會籌款，國會恐其糜費，屢屢拒絕。王乃思立功國外，以結好國人，無如終不得逞。

當王欲尋釁與西班牙開戰時也，苦經費無着，曾向人民徵稅，國會抗議；乃轉向人民借款，并試行種種非法之勒索。紳士不允其請而被逮者五人。人民於是痛入骨髓。國會因於一六二八年提出最著名的『權利請願書』(Petition of Right)，痛詆官吏橫征暴斂的非法，及列舉大憲章之條款，並宣告今後國王非得國會之允許，不得再向人民索求禮物、貸款及課稅等項；更不得無故捕人或駐兵民間。此外更陳述英國國會的事例多種，此種陳述實爲英人一種最有價值的特性。

查理初以高壓手段對付國會，一六二九年明令解散之。自是英國無國會者十一年。

王既解散國會，己又無統治之能，國內財政瀕於破產；加以蘇格蘭宗教問題復興。查理此時，既缺戰費，又無親信的軍隊，無法應付，乃於一六四〇年召集短期國會；未幾，又召集長期國會。乃不知長期國會議員之反抗王室，較之以前國會尤甚。他們實行干涉查理行政，制止其擅行徵稅；提出『大抗議』(Grand Remonstrance) 歷述國王之種種不法行爲；逮捕天主教徒勞德 (Loud)（當時英國國教之首領，）并控以大逆不道之罪。此外更通過一個『三三議案』，規定無論以後英王召集國會與否，國會會期至少須三年一次。查理第一之專制政府，至是根本動搖。

國會此舉誠爲痛快但不幸而內部亦自行分裂加之愛爾蘭亂事又適生於此時；王遂乘機逮捕下議院之反對派，戰機遂開。當時助王者，爲騎士黨，貴族、高級官吏、舊教徒、及少數反對清教徒者等屬之；反王者爲圓顱黨，中等階級、清教徒、國會中之激烈份子等屬之。英國北部及愛爾蘭人，多奉舊教，故竭力助查理。圓顱黨中因有驍勇善戰之統領克倫威爾(O. Cromwell)氏主持軍政，身先士卒，實行神的訓練，使士兵皆有堅定的信仰；並按新法組織鐵甲軍隊。此項軍隊，一經成立，則從馬斯頓木(Maston Moor)至納斯卑 (Naseby)，所向無敵。最後國王屈服，俯首就擒。

這時國會下議院中亦頗有黨於王者，彼等雖於一六四八年冬，提出調和國王與國會齟齬之議，上校勃來得(Pride)極端反對之，率兵將此助王之八十名議員逐去，餘則改組『尾閭國會』(Rump Parliament)或稱『殘餘國會』，以審判國王。國王受審後，被判爲『暴君、逆賊、殺人犯、人民之公敵』於一六四九年一月三十日，押往倫敦白宮宴會廳外，執行死刑。國會此舉，不啻破天荒的行爲；因自古以來只有國君互相殘殺，或家庭發生變故而演出殺兄殺弟、及簒竊種種慘劇，從未見有一部分人民相率起而反抗王室，并處王以背叛不忠之罪，而施之以死刑。有之，則自此時起。以故各國君主聞之莫不魂飛魄散，而歎爲亘古所未前聞者。

查理第一既死，英吉利遂宣布爲共和國廢君主及上議院。惟未幾而『尾閭國會』穢德彰聞，克倫威爾乃以武力解散之。旋召集新國會，頒行新憲法，宣布克氏爲護國主，并定淸教爲國教。

第四節　第二次革命之醞釀及其經過

克倫威爾於一六五八年死，國人對於武人之專橫，久懷厭惡，卽於淸教徒，亦頗嫉視之。這時一般人心理，亟欲查理第二(Charles II)之復辟。新國會兩院遂聯合前往歡迎。查理第二入英，而共和政體命運，於焉終止。

查理第二久居法土，習尙奢華，入英爲君，頗欲獨攬大權，不受國會牽掣。其在宗教上極力反對淸教徒，及長老派；而於羅馬舊教，則多方袒護之。職是之故，王和國會間的隔膜，便日甚一日。

查理第二死，其弟詹姆士第二(James II)繼之。詹氏在政治上爲一極端專制之君王，而宗教上則爲一澈底的羅馬教徒。一登王位，卽發表赦罪宣言，取消虐待羅馬教徒條例，幷引用多數羅馬教徒爲文武官員。凡以前國會所通過之宗教議案，一一取消。又設教務判庭，以爲審判異己者之用。王之倒行逆施既如此，國人對之，自然怨聲載道。前此主張保王的人，此刻不得不變爲反王的人了。

然詹姆士第二無子，其前后所生之女馬利（Mary）係嫁與荷蘭威廉第三（William III）爲妻。其時國人以爲一旦國王逝世，依例必以其女馬利繼之；馬利固新教徒也。不意新后忽舉一子，王復急急以恢復舊教爲事，國人大恐，遂遣人密迎威廉夫婦於荷蘭。威廉等於一六八八年率兵入英，詹姆士第二知不可抗，自行引避。翌年威廉夫婦繼承大統，而英之『光榮革命』（Glorious Revolution）遂告成功。

這時，英國原已組織臨時國會；但爲保障民權計，復於一六八九年提出『權利法典』（The Bill of Rights）規定：『國王不得停止或違背國家之大法；非經國會允許，不得徵稅及設常備軍；不得干涉國會中之言論自由；不得廢止陪審官制度；不得有逾分之罰金，及逾分之刑罰；不得阻止人民之請願』等。一一經國會通過，國王宣誓遵行之。此種條例，遂成爲英國憲法中之基本要素。

不久，國會又有『解決議案』(Act of Settlement)的通過，除解決王位繼承問題外，並於君權亦有所限制。其最要者，如司法官任期定爲終身，如不稱職，唯國會可以罷免。從此以後，英王便無權可以間接干涉司法行政了。

由上所述，可知英國國會權限得以日益擴張，英王則除否認議案及備國會之顧問外，形同木偶。便是這個否認議案之權，自一七〇七年後，亦廢而不用。威廉第三卽位以後，深知充國務大臣者，非從多數黨中選出，則預算案必不易成立；故不得不從多數黨中選擇國務大臣。這時騎士黨已失國人信仰，故威廉時代的國務大臣，大抵是圓顱黨人居多。此後兩黨改名爲『保守黨』及『進步黨』；國務大臣的團體，合稱爲『內閣』(Cabinet)爲他日行政之中樞。自從內閣制一行，英王權威更每況愈下了。

第五節　英國革命的結果

英國自兩次革命以後，行政重心，已由君主而移至國會及內閣本身。此種政治上之劇變，一方固由於斯圖瓦輕君主之暴虐無道，然而根本原因還在中等階級之興起。此時期的歷史實爲『英私產所有者打破一般專制政治之迷夢及陰謀，而獲完全勝利之時代。』

但卽謂英國革命運動之結果已達到完全民主政治的地步，則尙嫌太遠。因當時之衆議院中議員，大都仍爲中上階級之人物，城市代表只限於少數富商巨賈，工業團體槪未列入。此種民權，還能說是眞眞的民權嗎？故眞正民權之得到，尙有待於異日。

第三章　美國

第一節　未獨立前之十三省殖民地

自哥倫布探險發見新大陸而後，歐洲各國爭往拓地殖民。其時分佈狀況，大抵西班牙據北美西部，法蘭西占坎拿大一帶，英則擁有美洲東部——十三省區域。

當時移殖之人，爲類不一，簡而言之，約有下列三種：

(一)爲求宗教上的自由而來者　這等人多屬清教徒；他們因不滿於母國天主教之專橫，特倡新教以爲號召，而又不見容於當時各國，備受種種摧殘，不得已逃往美洲，以求信仰自由，人數很是不少。此外尙有少數天主教徒之來馬里蘭，與朋友會信徒之來賓夕法尼亞；其所由來之地雖異，然同爲求宗教上的自由則一。

(二)爲求政治上之自由而來者　一輩存心改良政治與社會的人，目睹十七世紀歐洲君主之專制，便生出反動，積極提倡改造政治與社會；詎意此種主張，適中當時君主與封建諸侯之忌，壓迫摧殘，不遺餘力。他們在歐洲，既無法立足，故只有遠逃海外，以圖實現其改造政治與社會的理想。

（三）爲求經濟上之自由而來者　當時處在瀕年戰爭中的歐洲人民，生計艱苦，賦稅繁重，大有難以一朝居之勢；他們爲欲解除此種經濟上的桎梏，便不遠千里，往海外開闢疆土。美爲新拓之鄉，荒地甚廣，他們一到大西洋沿岸，便立刻做農夫，做地主，做獨立的自由人，遠非先前在英之充貴族租戶者可比。這等人逐漸增多，便形成『美利堅民族』之白種人；美利堅民族之白種人的特質，爲平等的，自由的，無上下階級之分的。

以上三種移民，概爲求自由之故而逃往美洲。他們不甘受英政府之壓迫，不得已出於移殖之一途。若言其內部，則繁雜異常。人種之起源殊異，氣候的寒燥不同，益以千殊萬別之習慣，生活方法，以及同情心等等；從表面看去，彼等似無團結之可能，第以大敵當前，不得不捐棄種切，而爲公同之奮鬬，卒達其解放自由目的，而爲世界史上闢一新紀元。這便是美人之最足令人欽佩的啊！

維時十三省殖民之政治組織，和英國無大差異。因彼等原自英而來，習於母國之政治思想與組織已深，自然一切設施，不至有何等大相懸殊之處。彼等有公同法律和司法機關，爲人民自由的保障。每殖民省有一省議會，與英之衆議院相彷，每城鎮各有出席代表二人。行政權則全操之英所派省長之手，殖民悉受其支配。此美十三省殖民地未獨立前之大概情形也。

第二節　英政府壓迫殖民之一斑

歐洲自十六世紀商業革命之後，重商派學說（Mercantilist theories）風行一時。一般政治家，經濟家，個個都主裕國富，擴國權。英政府對美洲殖民地，因採用下列政策：

(一)殖民地須充分給母國缺乏的原料　當時法蘭西、西班牙等國，都有殖民地供給其原料，英欲發展本國工商業，當亦須其殖民供給彼所需要之原料；如靛青、咖啡、棉花、蠶絲等類，概奬勵其出產，便是一個證據。

(二)防止殖民地與母國工業競爭，或使母國商業上的敵人致富　例如制止美洲出產鐵器熟貨，不許美洲絨帽的出口，皆是。這樣一來，英國便好獨自壟斷，漁利一切了。

(三)殖民地須負擔英政府及海陸軍費 英曾與法搆兵多年，糜財至夥，英國以爲這種戰爭，純爲保護殖民而起，故所有戰費，不能不由殖民負擔。此外英政府亦爲保障殖民的機關，所以英政府的各項費用，殖民亦應分負其一部分。

以上三大政策，即代表英政府貫澈其壟斷美殖民地經濟的計劃；亦卽爲美殖民在經濟上所受的鉅創。至其見之於事實者：

一六五一年，英政府頒布航業條例，規定：

(一)美殖民地所出之重要物品，如糖、煙、鐵、皮貨及木材等，不得直接輸至外國，須先經由英國，由英徵收重稅後，再運輸往他國。

(二)美殖民地之各種出入口貨，須由英船輸運。

(三)外貨之來，非由英船亦不得輸入。

一七六四年，英政府頒布糖稅案，規定：凡由外國輸入之糖，概當課以重稅，幷設法嚴厲執行之。

一七六五年，又頒布一最嚴厲之印花稅案，規定：凡美殖民所用之公文、契劵、印件、報章、文憑等，都應一一貼用印花。而這印花稅又重，一張學校文憑足足要英金兩鎊，可見這個議案比什麼都要厲害。無怪頃刻之間，引起了一般新聞家、律師、商家、銀行家等絕大的反抗。

反抗英政府首先成爲事實的，便是『罷稅。』波士頓某律師，曾大聲疾呼說：『無代議權的課稅，便是苛政！』各界大表同情。一七六五年十月，殖民開代表大會於紐約城，討論對付印花稅案的辦法，議決發表宣言，并實行罷稅以資抗禦。英政府初猶一味壓制，嗣見抵制英貨風潮日甚一日；始知衆怒難犯，不得已而於下年取消此印花稅案。

一波未平，一波復起；一七六七年，英財政大臣坦熾德（Charles Townshend）運動國會，通過一新議案，限美殖民地所產玻璃、鉛、紙、茶葉等，均須課以重稅，以作英國駐美官吏之用，違卽坐以軍法。如此不更足以激起殖民的憤慨嗎？況不久（一七七〇年）波士頓慘案又生，反抗英國，抵制英貨的怒潮，乃繼長增高，不可嚮邇。英知不敵，方於一七七〇年，把此種苛稅一律取消，只留下茶稅一項。

這樣，美殖民難道就不去反抗英政府嗎？轉有再接再厲之勢。他們看得很清楚，他們知道今日抵制了，他們會把賦稅減輕。一旦不抵制時，他仍會把賦稅增重；這等減稅增稅的權，依然操自英政府手裏，殖民還能過安居樂業的日子嗎？所以他們要力爭『自稅』；不管茶稅是輕是重，一概根本反對。

一七七三年『波士頓茶會案』(Boston Tea Party) 發生（殖民四五十人，扮作工人，夜登英船，將所載茶葉盡棄於海中。）英政府得知，立刻通過嚴辦殖民之議案，封鎖波士頓港，剝奪殖民參政權，并決用武力解決一切。到了這時候，雙方自然短兵相接，而驚世之美殖民獨立戰爭以起。

第二節　戰爭之經過及其結局

（甲）戰爭之經過　美殖民見英政府實行以武力壓迫，爲自衞計，遂於一七七四年，開第一次大陸會議於菲列得爾菲亞(Philadelphia)，討論應付方法。結果，議決在英國對於殖民地所施苛政未廢除以前，與母國之貿易暫行停止。維時殖民向無脫離母國獨立的決心。故一方雖繼續抵制英貨，一方仍然不時請願於英國，要求給與代議權，以保障殖民權利。無如英王始終置之不理，一味施其壓制手段。殖民不得已乃定下革命的決心，求達澈底解決的地步。同時更有一位大思想家佛蘭克林(Franklin)竭力鼓吹平民政治自由幸福，民衆大受感動。不多時英兵又在雷克遜鎮殺死武裝鄉民若干人，戰爭發生，眞不容稍緩了。

一七七五年五月，在菲城舉行第二次大陸會議，決定對英宣戰，舉華盛頓（Washington）爲總司令，并遣使往各國求援。歐洲各國爭相贊助。殖民爰於一七七六年七月四日發表『獨立宣言』。大意說：人類是生而平等的，生而有應享之天賦權利的。這種應享權利，絕不容他人侵犯。政府原爲社會人民而設，理應保障人民權利，維治社會安寧，倘或違反此原則時，人民則有權去推翻他，或另設良好政府以代之。又人民遇必要時，得自由運用武力，以從事革命行爲，這叫做『革命權』。除此以外，宣言中尙歷舉英政府對殖民所加之種種壓迫及專制殘害等事實，以作彼等宣告獨立的理由。

這篇驚天動地的獨立宣言公佈以後，英政府立刻派兵往與殖民作戰。初，美以素無訓練之兵當英慣征善戰之衆，形勢懸殊，失利乃當然事。幸未幾而有法、西、荷等國，在歐洲方面牽掣英之後方，使不得專心對美；此外又得法國生力軍的幫助。法政府初不知美殖民之實力，尚懷觀望；迨一七七八年，獨立軍擊敗英將柏圭因（Burgoyne）於薩托加（Sartoga）方與美訂約出兵。同時愛爾蘭又時倡獨立，弄得英軍首尾不能相顧；殖民因而轉敗為勝，英軍向之投降者紛紛。英見大勢已去，不得已始退讓。於一七八三年，由法調停，與美訂巴黎和約，正式承認美之十三省殖民地為獨立合衆國。這是獨立戰爭的一個小結果。

（乙）戰爭之結局　巴黎和約訂後數年內，美國各省尚異常渙散，屢屢發生政治上的糾紛。蓋以組織言，中央政府其始不過一依『同盟公約』（Articles of Confederation）而結合之柔弱無能的機關，卽十三省代表組成的公會，此種公會無權干涉任何一省之國外貿易，亦無能本其權力以鑄幣與課稅。又十三省人民之齊向西發展，政府亦無法制止。所以這時候的美國，實在還不足以當『聯邦』的稱號。直等到一七八九年，費城憲法會議舉行後，合衆國憲法方始誕生。憲法中規定了中央政府及各省政府的權限，規定了大省（large state）和小省（small state）在議會出席代表的人數（下院按戶口多寡為比例，上院每省各有代表二人）；確用了三權鼎立制，組織分立法、行政、司法三大部中央政府有宣戰、議和、徵稅、鑄幣、通商及統轄一切之權。各省憲法可依聯邦憲法自訂。自此以後，美人觀念爲之一變。前此一般人心目中只知有維基尼阿（Virginia）人、馬薩諸塞（Massachusetts）人，或羅得島（Rhode Island）人，今則各人都知爲『合衆國人民』矣。可知美政府這時乃顯然的『聯邦政府』而非『同盟政府』了。憲法確定後，明年舉華盛頓爲第一任大總統。獨立戰爭的總成績卽在此。

但我們仍該注意；美國聯邦的政治，還不是眞正的平民政治。根本那般起草憲法的人的本意，就未曾希望眞正達到平民政治的目的，只不過想藉此稍稍免除往昔專制政治的流毒，使人民得到幾分較多的自由便自罷了。諸位不信，從下面數項事實上可以看出：

（一）各省議會的議員，只有相當資產的人，才有被選資格。

（二）美白種人當中能享有選舉衆議員資格者，只不過一半；黑人則全沒有這些權利。

（三）婦女尙無公民資格，惟新澤稷省獨許少數婦女得依據財產資格而享受選舉權。這大概由於當時美國社會，尙甚簡樸，人民多務農業，而大部份婦女又多已嫁人，故此輩婦女之由其夫代表似亦當然。

（四）初期總統如華盛頓、亞當之流，皆富於貴族性。

因此我們可以說，美國殖民獨立運動的結果，只不過得到依孟德斯鳩（Montesquieu）和其他法國政治哲學家的理論而組織的賢明政治。舊時專制遺毒雖已掃除，但新的政治，卻仍然大部操之於少數人之手。美民至今猶日夕呻吟於資本家壓迫之下，異日經濟革命，怕亦爲時不遠吧。

第四章 法國

第一節 引言

關於英美兩國的革命運動，在前面已經敍個大概了，此刻講法國的大革命。法蘭西的革命，影響於全世界極大。這因爲英國的革命運動僅於政治作用以外，略具點宗教的性質。美國的獨立運動結果建立了一個新的共和國，純粹是政治上的革命。只有法蘭西大革命，除去政治革命宗教革命以外，更帶有極濃厚的社會革命的色彩。可以說牠和其他革命最大不同的地方，便是牠含有經濟革命的要素；因此，牠所達到的平民政治的程度，亦比當時英美各國爲高。這是我們討論到法國大革命內容以前，應該特別注意的一點。

法國革命所以較大陸各國爲早，並不因爲人民狀況確屬何等困苦（實則十八世紀法國農民的生活狀況，遠較普、奧、俄、意、西諸國爲佳）乃因爲當日法國人民的智識程度，遠勝於其他各國；

由較高的智識便發生較靈敏的覺悟，由較靈敏的覺悟，便發生較有力的反抗，革命爆發，自然意中事了。這又是我們在討論法國以前應當特別注意的一點。

第二節　促成大革命之各種因子

（甲）舊制之紊亂　革命以前的法國，版圖已是不小，自路易第十四起，代有增加，到了路易第十六的時候，領土之廣，已不亞於今日。版圖廣，而國內各部制度不統一，便是法國當時行政上最困難的一點。當時法國有數省，如郎基多克（Languedoc），布羅温斯（Provence），布勒塔尼（Brittany）及多飛內（Dauphiné）等，面積廣大，形同國家。彼等各有其特殊習慣及政府，法王當彼等內附的時候，只求其輸款尊王，不計其他。又各『行省』（所謂『行省』，和今日之 Department 完全兩樣）中，亦有單獨保存其舊有地方議會者。故當時法國行政狀況，異常混亂。各地方語言不相同，文字亦不一致。法律則更繁雜；南部通行的是羅馬法，東西北三部各地法典，多至二百八十五種。因此人民徙居他地時，每覺新地法律與故鄉法律迥然不同，大感困難。

再，末稅率亦很不平均。比如鹽稅，算是一種最要的稅了，然而各部稅率不同，人民往往有偷運輕稅地方的鹽，售於重稅之地。政府在那時候，眞是防不勝防了。

以上爲法國舊制（法人稱之爲"Ancien Regime"）紊亂的一斑，亦即爲促成大革命要素之一種。

（乙）階級之分化　法國當時社會，顯然分成三種階級：第一爲教士階級，第二爲貴族階級，第三爲平民階級，亦稱第三階級。前二者合稱特權階級，人數只不過三千萬，後則人數高出若千倍，至少有二千萬，然而爲被壓迫階級。且分言之如下：

（第一）教士階級　中世紀教會勢力的宏大，已是震赫了一時，十八世紀的法國教士，其勢力幾與十三世紀時等。教會握有全國教育和慈悲事業的大權，領土佔有法國國土五分之一。彼等嘗藉口宗教而享免稅的權利。內部亦分作兩派：

（子）上級教士　少數大主教、主教、及寺院住持等屬之；類多貴族子弟，薪資豐裕，習尙奢侈，於教務則漠不關心。

（丑）下級教士　大抵爲鄉間教士，爲數極夥。彼等職務忙而報酬少，困苦異常。因此在革命初起之時，多數投入第三階級，同立於革命戰線之上。

（第二）貴族階級　本階級的特權，與教士同，亦源於中古時代。國內可耕之地，主權幾乎全落在他們手中。當日法國佃奴制雖廢，然貴族對於佃戶，仍保有種種特殊權利。此種權利，各地亦不相同；有不時分得佃戶收成之一部分者；有迫令佃戶租用己有磨臼、酒榨及火爐者；佃戶逐牛羊經過地主居室時，有必令其納稅者；佃戶售賣私有特產時，有抽其值五分之一者。此外貴族又保有畋獵權利，佃戶不許傷害可供畋獵之獸，不得殺死地主之家畜等。貴族且擁有全國軍政大權；凡軍官、教士、及朝廷上級官吏，概爲彼等所獨占。此皆法國末革命前封建時代之怪現象也。

（第三）平民階級（卽第三階級）　凡不屬於以上二階級者均是。本階級實可代表法國全國人民（以農夫爲最多），生活亦最苦。全階級的人都是處在被壓迫地位的。他們除了供獻政府以外，還要供養當時教士和貴族。重商主義的經濟政策一經採用之後，許多貨物的出產權，亦歸少數行社所佔有，爲專利公司所壟斷。國內鬻金又重，稅率又不均，在在足以妨礙內地的貿易。當時平民的苦況可想而知了。

（丙）君主之專橫　法國自十七世紀末葉以後（路易第十四起，）專政制發達已達極點。路易第十六說：『法國之統治權，全在吾之一身。唯吾有立法之權，唯吾有維持秩序之權，而爲其保護者。吾與民一體也。國民之權利與利害，卽吾之權利與利害，而實握諸吾人之手中。』其專制思想可見一斑。歷來的法國君主，掌握了國內財政大權，每年徵收地稅，數可達全國收入六分之一以上。此種地稅收入後之如何支配，全聽國王旨意，人民不敢過問。所以這時候也不分國家收入或王室經費，二者合而爲一，隨取隨用。（每年王室用費逾二千四百萬法郎，而幸臣之支銷數、尚不在內，）此外君主更手握人民生殺之權。隨時可以捕人，幷可不經審判而下之獄。君主捕人時，常用一種手詔，叫作『加封之函』此種手詔，凡與國王及朝貴接近者，亦得領用，以達其報復私仇的目的。縱當時法院對於法王有抗議權，然絲毫不能限止法王之橫暴；法王轉可利用所謂『鄭重會議』者，以強使法庭屈服。至於君主之箝制輿論，剝奪人民言論自由權，更不必說。

（丁）思想之進步　前已說過未革命前法人的智識程度，確較歐洲其他各國爲高。他們的思想，當然也就較爲進步了。一般學者目擊當時社會情狀，由不平等而起懷疑，由懷疑而生批評與攻擊。因此後來便有許多哲學家主張推翻專制，提倡民權。其中最有力的，如孟德斯鳩之批評當時制度，努力提倡民權，福耳特爾（Voltaire），狄德羅（Diderot）之主張言論自由，痛斥當時教會。盧梭（Rousseau）著民約論，更把天賦人權，自由平等的精義，發揮得淋漓盡致。他大意說；人類所以組織社會，原爲使社會上人民能享受自由平等的幸福，倘社會上有一部分人壓制他部分人時，他部分人便當起來反抗。此外『百科全書派』人，亦曾極力攻擊當時制度，如販奴事業，課稅不均，司法腐敗，及好戰糜費等。總之，這許多人的言論思想，都無非一方攻擊舊制，一方提倡民權，此種思想，輸入法人腦中，自然要起醞釀作用。而又有英國革命，美國獨立種種消息傳來，所有興奮劑一齊到了，人民還有不受激動，革命的決心還有不早早定下的嗎？

第三節　第一次大革命之經過及其結果

（甲）革命將起時之財政狀況　路易第十四、路易第十五，皆窮奢極慾，好大喜功之王，無端屢和鄰國作戰，弄成國庫空虛，人民怨聲載道。路易第十六在位時，法國財政已陷於破產地位。這個經濟的難關，或許便是引起第一次革命的導火線。據那時財政大臣報告：當日每年政費不敷八千萬法郎。路易曾聽堵哥（Turgot）的話，整理財政，平均稅收，取消內地商業苛例，限止行社，維持政府信用。惟以特權階級之反對，終將堵哥免職。從此時起，法國財政益現拮据不堪之象。路易見財政毫無辦法，乃於一七八九年五月召集『各級會議』（Estates-general）討論籌款加稅辦法，並令人民條舉國內情形及應行改革之點。當時上書者頗不乏人，大抵以君權無限為秕政之源。各級會議開會時一最大問題，便是表決票數的問題。舊制各級會議中三級人民（教士，貴族，平民）的代表數相等，開會時各級分地討論，表決即以級為單位，各投一票。如此利益常為特權階級所獨占。這次大會，為尊重公意計，第三級表決票數應加倍。然為教士貴族所反對，第三級人堅持之，雙方相持不下，結果王亦袒貴族而抑平民。平民不服，立刻宣告脫離各組會議而另組織國民會議以資抵抗。

（乙）大革命的初期（一七八九年至一七九一年）　未開各級會議前的那一二年，法國農產歉收，引起國人絕大的恐慌，不久又繼以嚴酷的冬季天氣，飢寒交迫，國人苦於倒懸。此種情形，巴黎最甚。自第三級代表宣告脫離各級會議後，全國平民個個都願加入，都願立在同一戰線上以圖奮鬬。起初他們要往凡爾賽宮開會，被國王禁阻，改在附近球場上舉行。議決：非把政治改良及憲法制定不可。憲法一天不制定，他們便一天不停止會議。這是一七八九年六月二十日的事。

其時國王因欲解決財政問題，不得不對他們表示讓步，允許一星期後，繼續各級會議，表決票以人數多少爲標準。王之爲此，非具眞心，僅惟敷衍場面而已。故一方面仍調集軍隊，以資彈壓。人民見此情狀，乃不得不出以最後之手段。七月十四日，巴黎市民大隊奔向巴士的獄前進，抵獄後，遂把獄卒殺死，釋放所有囚犯，鼓角喧天。他處人民聞之，亦羣起嚮應，聲言脫離王廷，改組市政府，革除舊官吏，并組織護國軍，以對抗王室。

平心說來，當時市民，還不想根本把王室推翻，只希望法王從速覺悟，允許他們開國民會議，改成像英國一樣的立憲政體，便已足够。却不料法王始終執迷不悟，一味採用高壓政策，並密求隣國之出兵相助，藉以消滅革命軍。民衆從此大憤，決定非用武力解決不可。十月五日，巴黎無數婦女結隊遊行，打着要求麵包的旗號，趕到凡爾塞宮，要求法王允許開國民憲法會議。並把路易夫婦監禁起來。這是法國大革命的第一幕。

（丙）國民會議之成績　路易夫婦被監禁後之二年內，國內和平無事。國民會議卽於此時幹出下面各種成績：

（子）廢止各種特權　會議舉行之初，卽議決廢止貴族畋獵及養鴿等等特權，又廢止什一之教稅。教士貴族往日所享的權利，至此剝削殆盡。此外議決：『凡公民及重財產，均應負納稅義務』『所有公民，不拘門第，均有充任官吏之權。』更謂『廢止特權，既有關於國家之統一，故所有各地特權，概行永遠廢止，一以國法爲準。』

（丑）打破封建制度　前案公布後，數月之內，議決廢去舊日行政區域，分全國爲八十三省(department)，大小相若，人數相等，各以本地之山川爲名。昔日封建之跡，至此掃地以盡。

（寅）發表人權宣言　此宣言成立於是年八月二十六日，爲歐洲近世史中最重要的文字；不特足以激發當時人民的熱忱，且爲後來（自此至一八四八年）法國憲法中的精義。便是對於十九及二十世紀的政治思想亦具有絕大之影響焉。

宣言中要旨如『人生而平等，且永久平等者也。社會階級當以公善爲唯一之根據；』『法律爲公意之表示，凡公民均有參與之權；』『公民除因犯案及依據法定方法外，不得被控被逮或被拘；』『思想與意見之自由交通，爲人類最貴之權利。故凡公民均有言論著作及出版之自由。』由此可知『此種宣言可以復與人道，永爲壓制人類之戰聲』的話委實不錯。

（卯）改革地方政治　從舊制下的行政區域，改成若干省分以後，每省之下，再分若干邑鎮市等。實行地方自治，行政官吏由人民選舉。改良司法制，統一全國法律（惟至後來拿破崙時代方始完成，）司法官吏亦由民選。

（辰）整理財政　當日財政整理，總是一個最困難的問題。間接稅已令取消，直接稅難以照額徵收，銀行界復不肯借款。國民會議乃議決沒收教會財產，規定教士薪金由國家支付，並實行平均稅率。這樣以後，國家經濟基礎，才漸漸穩固。

(巳)制定憲法　一七九一年法國國民憲法居然告成了。新憲規定組織立憲政府，採三權分立制，一以民意爲基礎。立法機關定一院制，名立法機會；議員由『動的公民』(active citizens)(卽納稅之公民)間接選舉。官吏資格只限於擁有不動產的公民。政權仍操於中等階級之手。憲法又規定：國王雖有保留議案權，但無管轄地方政府及海陸軍教士之權。閣員亦不得列席議會。王權至此乃大受限制。

第四節　第一次法蘭西共和國成立時期

(甲)君主立憲時期(一七九一年至一七九二年)　憲法旣成，舉國大賀，但亦有人對此立憲政體猶持異議。這等人可分作兩派：

(子)反動派　反動派(Reactionaries)中大抵包括下列人物：第一爲逃亡在外的貴族與教士。他們遁居本國東南境萊因河上，擁王弟亞多亞(Artois)爲領袖，主張恢復舊制與權利。第二種爲王室人物。亞多亞及卡倫(Calonne)，康狄(Condé)，輩，於巴士的獄失陷後，出亡在外，貴族與之結合，時有侵入法國之舉。第三種爲保守派及舊教農民；前者屬議會中之中等階級，後者大抵在本國西部而以拉芬底(La Vendée)安如(Anjou)等地方爲甚。

(丑)急進派　急進派(Radicals)人在政局上比之反動派，尤爲危險。彼等的革命行爲，每表現於內部中等階級與無產階級的利益衝突上。中等階級，多半是有財產有教育的；無產階級，既無財產又無教育，『赤裸裸來去無阻礙』，畢竟佔了民衆的大多數。在當初，大家都承望能於國民會議中取得若干的利益，故肯聯合一起，萬不料結果下來，只有中等階級的人獲得大宗利益，無產階級，則依然無權參與政治。所以無產階級要憤恨不平，要和中等階級發生爭鬥。且同時中等階級中亦有多數領袖，如馬拉(Marat)，丹敦(Danton)、及羅伯斯庇爾(Robespierre)，很表同情於無產階級。這等人便在巴黎集中勢力，組織種種革命俱樂部，發行多種小册宣傳。報紙中之最有力者，爲馬拉所主編之民友報。

一七九一年九月憲法完成，法王宣誓忠於憲法。國民會議告終，而新憲所規定之立法會議便開始。表面看去，似乎已大大刷新了，然此後問題仍是不少；會員全係生手，既無經驗，意見又不一致，議論紛紛，莫衷一是；外有逃亡貴族之陰謀，內有不遵新法教士之搗亂；國王又陰通隣國，冀得外力之奧援。當王及后被捕消息傳至德國，德王即宣言：此足證明法國革命之非法，有害於各國君主之尊嚴。乃聯合英、俄、普、西及那不勒斯（Naples）各國協商恢復法王之名譽與自由，及阻止法國革命之過度的方法。一七一九年八月，普、法兩國君主聯名發表匹爾尼次（Pillnitz）宣言，警告法人恢復舊制，法人却始終不甘屈服於外力壓迫之下。

時立法議會議員七百人中，約有四百人無黨派色彩。餘外三百人，則分為二黨：

（子）斐揚黨（Feuillants）屬立憲派或保守派，主張立憲政體，鞏固王權。

（丑）雅各賓黨（Jacobins）屬急進派，主張廢去法王，建立共和國。此黨中又分吉倫特（Gironde）與山岳（Mountain）（此名至一七九三年後通行）二黨。前者佔大多數，主張澈底剷除舊勢力，並對外作戰。後者佔小部分，主張直接由人民公決，再削減王權。

吉倫特黨人既握政權後，即於一七九二年迫王向普、奧宣戰。法以未受訓練的軍隊，戰敗而還。路易第十六乘機聯合外國，一致壓迫國人，並免吉倫特黨國務大臣之職；王后更洩露本國軍事的計劃，因而引起後期的革命運動。

（乙）大革命的後期（一七九二年至一七九九年）　普奧聯軍侵入法國後，一七九二年七月其總帥不倫瑞克(Brunswick)宣告：『聯軍以平定法國叛亂及恢復國王權力爲目的，凡法人有反抗聯軍之舉者，則以嚴厲之軍法從事。』隱隱含有推翻革命事業之語氣。法人見之，憤慨異常。巴黎市民欲迫議會廢止法王，乃召馬賽(Marseilles)之護國軍五百人以爲援助。兵士沿途高唱馬賽歌，慷慨動人——至今猶爲法國國歌，爲世界國歌中之最佳者。八月十日，巴黎市民藉軍隊爲前驅，有第二次侵入王宮之舉。殺死瑞士守衛，佔據市政廳，並逐去一切舊有人員。頃刻之間，巴黎全城入於急進派統治之下。

丹敦等人堅欲廢去國王，改建共和政體，故於軍事旁午之中，他務未遑，即以召集憲法會議，協商變更政體方法爲事。當時議決：用男子普選舉制，選出憲法會議的代表，重新編訂憲法，並廢去法王路易第十六。旋擊退普奧聯軍，遂於一七九二年九月二十二日宣布法蘭西爲共和國，便是法國『自由元年』(Year One of French Liberty)的第一日。

是時急進派頗主張殺盡國內外一切仇敵，因使法國逐漸入於恐怖狀態。巴黎城謠言本甚，好事者每謂城中逆黨密布，非搜索逮捕不足以靖餘氛。因之公民無辜而被捕入獄者達三千餘人。不久憲法會議又議決判法王路易第十六以死刑。王遂於一七九三年十月二十日伏法。此事一行，殆不啻對列強以挑釁。其首先反對法國者爲英國，其次爲荷蘭，奧大利，普魯士，西班牙及神聖羅馬帝國。法國陷於四面楚歌的地位。爲應付內憂外患便利計，憲法會議於一七九三年議決組織公安委員會，幷由此委員會設立維持治安委員會及革命法庭，以審判革命中之嫌疑犯。當彼等審判罪犯時，初猶遇事謹愼，非不得已，不處死罪，後則規定凡言論行動有反對自由之表示者，一律以嫌疑犯論。由是而無端遭殺戮者不下二萬五千人。十月間、王后亦被控而處以死刑，同時羅芒夫人及吉倫特黨人亦多被殺。愁雲慘霧、密密籠罩巴黎城，造成了歷史上最有名之『恐怖時期，』自一七九三年起，至一七九四年止。

恐怖時期，縱然可怕，但遠不如一輩小說家，如迭更斯（Dickens）等所描述者之甚。就巴黎說，那時候全城商業之進行如故，公共娛樂場所之擁擠亦如故，貴族之被殺者固多，但平民所受之影嚮，則比較更小。憲法會議亦非終日從事於嫌疑犯的逮捕，也曾調遣軍隊以抵退外兵，也曾平定國內保王黨之亂，也曾制定初等教育制度，爲他日法國教育制度的張本。此外法典亦確發軔於此時，共和雖不久卽廢，然衡量之制，至今猶爲歐洲大陸各國所採用。

恐怖時期已過，憲法會議更有種種新設施：如將逃亡貴族的財產充公，幷分之於貧民；取消由財產而生之各種不平等待遇；規定米穀之最高價格等都是。最後更從事於憲法的修訂。規定立法機關採用兩院制：

(子)五百人院(Council of Five Hundred)卽下議院。

(丑)元老院(Council of Elders)議員間接選舉。選舉權限於納稅，及曾居本處一年以上的公民。又設督政部(Directory)由立法機關選舉五人組織之。中等階級的勢力於是重新復活。

至一七九九年，國內發生政變，重新制定新憲法，舉拿破崙爲第一任執政，次第削平內亂，大權集於一身。十年來的革命事業至此告一結束，法國政治又由共和而變爲獨裁了。

第五節　一八三〇年一八四八年及一八七〇年的革命

(甲)一八三〇年的革命　拿破崙既敗，法國仍有復辟舉動發生，路易第十八因各國君主幫助，得於一八一四年入承大統，頒布『憲章』(Constitutional Charter)設立國會，採兩院制：上院貴族由國王任命之，下院代表由富民選舉之。下院只許請願，不許直接立法。路易第十八死，其子查理第十繼之。查理又是一個專制的君主，一心想總攬大權，不願效英皇之徒擁虛號。他的政策係受教士及耶穌社信徒的指使。爲欲結好貴族，故每年支出公帑數十千兆法郎，以賠償他們舊日的損失；制定檢查出版法以箝制輿論；增加選舉上財政的限制以剝削民權；聲明唯君主有提議立法之權。憲法精神，至此摧殘殆盡，人民權利，益無保障了。

這樣，一般人民對他自然要起反抗。其首先發難者爲巴黎新聞界。他們公然宣言：『若輩不能遵守王命，仍將繼續其新聞之出版，並謂國王既剝奪民權，則人民不應再忠於王室。』自時厥後，變亂大作，結果遂成爲一八三〇年的革命。逐查理第十而以路易腓立比(Louis Philippe)繼之。重新修訂憲法，宣布出版自由，確定責任內閣制度，删去定羅馬舊教爲國教的條規。

但這次革命實際却無多大成效可說，查理雖廢，而政府之專制如故；選舉權仍限於富民；昔日教士貴族操縱之政府，至此以富貴巨賈代之。白色旗（王家旗）廢去，而以三色旗爲代。所謂革命成績，如是而已。

（乙）一八四八年的革命　一八三〇年革命的結果，人民既未得到何等利益，自然賡繼而起的革命運動，亦是不可以免的。況路易腓立比亦是一個狡猾專斷的君主，宣言他的政策是介於保守精神與維新精神之間的『中庸主義』（golden mean）。國內反對他的人，不外乎下列二派：一、正統黨；二、共和黨。正統黨多屬貴族教士階級中人，主張用和平方法；共和黨則平民居多，常持祕密結社，出沒於各大城中，其行動與意大利之燒炭黨無異。人民因屢屢要求改革政體，擴充選舉權不遂，且深受當時社會主義的影響，再加以饑旱連年，民不聊生，因釀成一八四八年二月的革命。結果，廢置法王，宣布法蘭西爲第二次共和國。

因這次革命運動，工人出力最多，所以縱共和黨中之温和派以廢止王政爲已足，而彼等則必實現其領袖勃郎(Blanc)的計畫,建立國立工場(National Workships)(由工人自己經營管理)組織工人國會會一一見諸實行。但以成績欠佳,大失國人信仰。結果,引起了議會中温和派和鄉間農民代表的反對。於是議決廢止國立工場,取消補助工人公費,而惹起『六月間』巴黎的大亂。國會用武力平定之。隨後着手編訂憲法,重提『平等、自由、博愛』三大原則,宣言統治權屬於國民,保證出版信仰等自由。國會改一院制,設總統一,由人民選舉,任期爲四年。

(丙)一八七〇年的革命　拿破崙第三因應時會,於一八一五年做了法國的君主。氏性好貪,酷似其乃叔拿破崙第一,惟才力則不及之。在當法國國威遠揚的時候,還能保持其固有地位,待至一八七〇年之普法戰爭失敗,便一蹶不復振。當他被擒消息傳至巴黎時,巴黎市民卽乘機侵入下議院,大聲要求改建共和政體。下議院旋議決廢止拿破崙第三及其朝代,二十年來的帝王運命,至此始全消滅。拿破崙廢而法蘭西宣布爲第三次共和國。召集國民會議,舉退耳(Thiers)爲行政元首,割亞爾薩斯(Alsace)及洛林(Lorraine)二省與德言和。

政體一經確定,國民會議便從事政府組織的規訂,這次却不像從前那麽專顧編訂憲法,僅僅陸續議決各種法律以爲根據而已。此種法律，及日後之種種修正；合之，卽成爲第二次法蘭西共和國的憲法。所以現在法國的憲法，和從前不同；關於統治權，人民權利，及共和政體等，概無切實規定之明文，一望而知爲一種倉猝應付時變的法律；然竟能行之久遠，今日之政治家，法律家，每以世界最良憲法之一目之。

準新憲法規定：法國總統權位與美國總統異，而與英國君主同。蓋總統之下有內閣，及內閣總理，行政大權，全操之內閣，總統不過備位而已。總統不由人民直接選舉，而產生於上下兩院之聯席會議。總統任期七年，不設副總統，總統出缺，卽選新總統以繼之。內閣閣員，由下院議員中選出充任，閣員權力每大於總統。國會定兩院制；上院曰參議院（Senate），下院曰代表院（Chamber of Deputies）。下院議員約六百人，由人民直接選舉。凡國民年滿二十以上者，皆有選舉權。上院議員約三百人，用複選制，由各區官吏選舉之。任期九年，每三年改選三分之一。國會權限至大，不但可以選舉總統，且可以開上下院聯席會議，以修訂憲法。總統無否認議案之權，僅能交與國會覆議而已。這便是法國第三次共和政府的總成績。

第五章 俄國

第一節 引言

各國革命運動，至俄羅斯而情勢尤大變。英、美的革命運動，主體上只是政治的革命，（惟英略含有宗教革命的成分，）法國則於政治革命以外更顯出極濃厚的社會革命的色彩及至俄羅斯之革命，更進一步成功社會革命爲主體的革命運動了。從這裏，我們很可以看出各時期的革命的性質很不相同。一時代有一時代的問題，一時代便有一時代需要的革命。俄羅斯的革命，是無產階級的革命，是切切實實的經濟的革命。從這個革命的結果，把數十年來傳流的政治組織，和社會制度根本推翻，非特影響於俄羅斯全國，且影響於全世界。因爲這個緣故，所以我們此地敍述起來，也就特別詳盡些。

第二節 俄國革命之背景

（甲）種族與宗教的複雜　俄羅斯帝國，地跨歐、亞兩洲，面積八百餘萬方里，人口一萬萬八千餘萬，較之現代最大的大不列顛帝國，有過之無不及。職是之由，內部問題，便異常繁雜。在這個龐大的帝國之中，包含了各種小民族，包藏了各種複雜教派，內政上發生了不少的爭端。俄政府不知設法調和，只一味強迫異民族同化於俄人，和以希臘教（俄國國教）壓制其他異教。於是國內民族的不平，教派的互相仇視，成爲俄國政象的不安的一大原因。

（乙）民生的困苦　（子）農民的窘迫　俄本農業國，人民十分之八以上業農。在當一八六一年前，歐洲各國，均已廢除佃奴制度，惟俄國猶保存此制。彼時全國土地握於少數貴族地主之手，農人連自己身體上的自由尙未取得，其他更無庸說了。到了一八六一年二月，俄王爲時勢所迫，不得已頒布廢除佃奴的命令；自此以後，一般農人名義上雖可稱爲自由民，然而他們經濟上所受的桎梏，依然無法解脫。因爲那時候還盛行一種村會（village community）制度，村民往昔所耕土地，概歸鄉村管理；每人以十歲至十五歲爲等差，授以土地，課以重稅。土地之肥瘠不同，形勢亦各殊異，村會爲欲達其平均分配之目的，遂致農民土地零散各處，東奔西馳，迄無寧日。且人口增加極速，田畝不敷分配，試就一八七〇年至一八九〇年間人口田畝之統計，一爲比較，卽可知道；二十年中全國農民人口增加了百分之五六·九，家族增加了百分之五七·八，而田畝增加只百分之二〇·五，（村會所有及私人所有均在內）又農民所耕之田，僅增加百分之四〇·五，家畜僅增加百分之九·五。總之田畝增加，較農民人口增加少二·八倍；得來之田增加，較人口增加少一·五倍；家畜增加較人口增加少六倍，結果農民陷於貧乏饑饉，絕望的悲境。這種悲境，當然便是後來革命暴發的動力。

（丑）工人的苦痛　俄國工業革命，發源於亞歷山大第三（Alexander III）之時，至尼古拉第二（Nicholas II），更顯出進步甚速的狀態。一八八〇年後商業隨而發展。十九世紀末至本世紀初，國內鐵路次第建築完竣，煤礦鐵礦異常發達。國內工廠林立，鋼、鐵、煤、織物及其他工業品出產額大爲增加。一八九〇年，全俄滿工人千以上的工廠，凡一〇八所，工人共二十餘萬：至一九〇二年，滿工人千以上的工廠增至二六二所，工人共六十餘萬；進步之速，可見一斑。

然而工人待遇，却很苛刻；最高工資，年不過百四十至一百八十盧布。婦女作工，年僅二十至四十盧布。僅少數工場有工人寢室，至晚，婦孺擁擠於木櫈之上。冬則陰溼，夏則酷暑，甚至夜眠於地窖，或無窗之屋中，此猶善者。多數工場皆不備寢室，工人日作十二三小時，夜卽眠於工場桌椅之上，頭枕破被。由此，我們很可以知道當時俄國工人困苦的程度了。自一八九六年聖彼得堡罷工起，直至歐戰發生前止，大同盟罷工雖經若干次，但工人的要求所得甚小；不平者流，遂着手結合工人團體，暗中活動，伏異日大革命的動機。

（丙）革命思想的變遷　俄國革命思想的遷變，可分作三個時期；自一八一五年至一八五五年為第一期；一八五五年至一八七〇年為第二期；一八七〇年至今為第三期。在第一期中，完全受法國啓蒙時代思想的影響。卽當歐洲同盟軍攻破巴黎的時候，各國軍隊屯駐法京，俄軍受其傳染，漸知盧梭之啓蒙哲學，歸而著書，攻擊政府，因是而被逮者頗不乏人。第二期為受黑智爾（Hegel）及法國浪漫派思想影響最深的時期。不但反對專制主義，且從哲學上對於政府的本身，予以嚴厲的批評。所謂虛無黨和無政府黨，便在這時候產生起來的。最著名的人物為巴苦寧（Bakunin），他說：『人類幸福全在天性；全天性之道，在人人自由。出版，言論，信仰等均得自由，始可謂之眞自由。』

他相信專制政府和資本主義，皆當用武力推翻；否則就是採取暗殺和恐怖手段亦使得。第三期，因馬克斯（Karl Marx）主義的勃興，俄人大受其影響由傾慕而信仰由信仰而動作，而掀起震驚全世界的大革命。

（丁）政府之專制與淫暴　如上所述，關於俄國種族，宗教民生及人民思想等方面已有不能不引起革命運動的趨勢，政府倘能因勢利導，或設法緩和調劑，未始不可維持下去；而彼等仍一味抑制，一味倒行逆施，遂釀成巨大之風潮。茲將當日俄政府之專制情形略述如下：

（子）就理論言，俄政府所依據的政治理論，是正和近世思想相反的。他有最高無上的權威，迥非尋常立憲國君主可比。有許多學者，受了政府的賄賂，專門去爲虎作倀，像卡特科夫（Katkov）是一個很有名的公法學家，他在主辦的報紙上，不時發爲專制的論調，爲俄皇張目。他說：『俄國政府與其他各國迥異。例如英政府下有兩大政黨，一黨專政，他黨卽立於反對的地位。吾國政府有最高無上之權，以執行政務。無所謂黨亦無其他團體能超於無上之權。俄皇御世執行政務，完全自由，不受何等限制。是爲根本法律，吾國之所基以成立者也。』其他類似的說尤多，不必一一縷述。總而言之，那時候的俄皇威權是無限制的作威作福，聽其自爲。他的命令，就是最高的法律，人民該當絕對服從。照他們看來，國會不過是保障議員私人的團體；自由平等是誘惑民衆的邪說；報章是造謠的淵藪，輿論當然是在禁止之列。這是當時政府派理論上的根據。

（丑）實行起來，却更利害；自有國會以來，被強迫而解散者，不知若干次；對於虛無黨拘捕慘殺，不堪言狀。從一八七三年至一八七六年三年中被捕的政治犯總數在二千以上。其審判結果，或殺戮，或監禁，或流之於西伯里亞荒地。此外更多設偵緝，羅織人罪，用嚴酷手段懲治一切反皇派，及箝制輿論。

當日俄政府又爲『黑暗勢力』（Dark Force）所籠罩；『黑暗勢力』者，指皇后及其嬖臣拉司披第（Rusputin）而言蓋二人朋比爲奸，竭力以反對改革爲事，醜聲四溢故也。自拉氏被刺死後，俄王益憤，逮捕搜戮，無所不用其極。直至尼古拉第二在位，更公然與人民宣戰了。

第三節　一九〇五年的革命

俄國自工業革命以後，村民羣向城市遷徙，城市人口因而發達。一般城居的無產階級，能很敏捷的附和那些改革派的理想，并積極贊助其革命運動。在此種情況之下，俄國便產生了所謂『社會民主黨』(Social Democrats) 成立於一八五八年，以多數工人爲其後盾。

然而俄國終竟是個農業國，在十九世紀末葉，城市人口仍不及鄉村人口之多，（城市人口，只占全數百分之十四。）在初，這種愚昧無知的農民，當然不能有何種舉動，惟後來新思想漸漸輸入，農民便漸漸受其鼓動；同時又有城市社會民主黨人常用罷工的方法以反抗皇室，於是一般有土地或不能自給的農人，亦組織有所謂『社會革命黨』(Social Revolutionary Party) 目的，想把大地主的田產分成爲若干小的產業。

這社會民主黨和社會革命黨兩黨人當中，自然還包含了不少的亞歷山大第二以來的虛無黨和恐怖黨；他們常常用暗殺手段，以對付俄皇。

一九〇五年的日俄戰爭，不啻爲俄羅斯第一次革命暴發的導火線，那俄王無端從事於與人民毫無利益的遠征，消耗多量金錢生命，早就惹起了國人的不滿；果然獲得勝利，那麼外面的武功，或許還可壓住內部的不平；但不料海陸上的敗耗，頻頻報來，國人由此，非特可以窺出官僚政府的腐敗無用，且使彼等頓生輕視政府之心，以為毫無足畏。加以軍隊此時全部開往前敵，首都空虛，政府無力應付。在這種情形之下，城市工人中的急進分子，鄉村中急進的農民，乃至上等和中等階級中的『自由派』和一切被壓迫的弱小民族，如波蘭、芬蘭、猶太人等，一致起來反抗政府。革命運動，乃肇端於茲。

一九〇四年後，俄政府要人和官吏先後被革命黨人暗殺；城市工人宣告同盟罷工；農民開始驅逐貴族地主等，焚燬他們的房屋，奪取他們的土地。未幾何時，變亂延至各地，交通停頓，大學罷課。所謂『紅日』(Red Sunday) 云云，係指『一九〇五年一月二十二日俄兵向大隊請願工人開槍』的一日，也便是俄國革命史上流血的第一次。

不久而全國鼎沸，俄皇知不可抗。初欲以小小改革了事，允許恢復芬蘭憲法，取消農民欠稅等，而於政治則仍維持獨裁制如故；嗣見叛亂罷工之事，繼起不休，不得已乃發表『十月宣言』，聲稱實行立憲，保障人民言論，信教，結社等自由，并約定今後非得國會贊許，決不另立新法。

這種改革，原不過政府一時權宜之計，初無絲毫誠意於其間；不謂俄國官僚及多數上等階級竟竭力反對此舉：而一般急進派，則不以此種改革爲已足，他們看出政府於此事之了無誠意，覺得此種運動，實無多大成效，非進謀更重大的改革不可。

這時，自由黨中則分二派：（一）『十月黨』（Octoberists）對俄皇十月宣言中所給予之權利，已表示滿足，他們所希望的，只是一個強有力的俄羅斯。（二）『立憲民主黨』（Constitutional Democrats）主張英法式的議院制度，要求建設一個完全由人民代表監督的政府。兩派主張不同，意見互異。同時各大地主又組織『俄民協會』，實行反動政策。俄皇見此分裂情形，便乘機施展其抑壓手段。（這時日俄戰爭剛已結束，更可一心對付國內反動派。）發表三月宣言，把國會的權柄大加減削；國會提出反抗時則解散之。第一屆國會於一九〇六年七月召集，未匝月即被解散；二屆國會的壽命不及二月，仍蹈解散的覆轍。從第三屆起對於議員資格大加限制，行間接選舉法，減削農民選舉權，擴張地主權利；波蘭、高加索、西比利亞代表各減其半數，市民代表則從三十九人減爲十九人；農民則從二分之一減至五分之一；『保皇黨』『十月黨』占大多數，議會與政府乃沆瀰一氣。

國內各地的革命運動，先後亦爲俄皇武力所平息。於是一九〇五年的俄國革命，實際上便沒有什成績可言。所可說的，至多不過從一個極端專制的國家，改爲一個『隸屬專權君主之下的立憲國』：然而此種假立憲局面，決不能算作一種政治上的改革。

第四節　一九一七年三月的革命

（甲）三月革命的經過　歐戰既與，國人一致對外，內部本無何種舉動發生；只國會議員因受戰事刺激，深感政府之措置未善，態度爲之大變；從一味袒助政府，轉而與民衆表同情，多數人民，又以波蘭方面戰事屢屢失利，益增其輕視政府之心；且死傷甚多，供給不濟，俄民所受痛苦，殊非言語所能形容。俄皇則只口口聲聲宣稱尊重民意，而實際則適與之相反。其疾視下院如仇讎。一九一五年，因各政黨連合向政府提出條件，政府非但不允，且立將下院解散。自後政府與議員時相齟齬，內閣四易其人。加利真（Gallitzin）內閣仍不滿人望。一九一七年二月，曾勉強召集議會，但仍無結果。

於是政府與議會益無調和的可能。適是時極大之糧食問題發生，釀成民警交鬨，革命風潮乃一發而不可收拾。

糧食問題原亦由戰爭而起；自戰事發生後，人民無暇於農，加以交通阻滯，輸運維艱，食糧於以缺乏。俄民購麵包者，日必露立於冰點下四十度之奇寒中五小時，始能購得少許。如此飢寒交迫，自然怨聲載道。三月八日，聖彼得堡各工廠開始罷業遊行，飢民附和之人數愈聚愈衆，但是時尚未發生何等暴動。政府對此情形不知加以撫循，而惟藉武力以爲鎮壓，警察不敷分配，則調哥薩克軍隊及憲兵以助之。卒至激起衆憤，愈演愈烈。頃刻間全城充滿了鬭爭和紛擾的空氣。政府下令嚴禁民衆集會，准軍隊自由開槍，而軍隊則多數與人民表同情，他們或向空中開槍，或直與之同立於一陣線上。城內各處發生小戰爭，殺死軍官無算；襲擊兵工廠，大隊手執紅旗，遊行街市；焚燬警察司法機關多所；佔克萊斯蒂獄，釋放各政治犯；燒盡一切政治上教社上文件；滿城震懼，全國騷然。

維時俄皇尚在前線督師，聞變後，忙自大本營電令下院停會；下院不奉命，革命情勢愈形緊張，議會因得軍隊以爲後盾，得於本月十二日組織臨時委員會，維持秩序。翌日，臨時政府成立，發表政綱如左：

(一)大赦各政治宗教等罪犯。

(二)許人民以言論、出版、集會、結社的自由。

(三)廢除宗教及人種上的限制。

(四)依普通平等及直接選舉法召集議會速定國體及國憲。

(五)廢舊時警察制，設立地方自治廳。

(六)未參加革命運動的軍隊，限令解除武裝，退出俄都。

宣言發布，舉國傾心，卽由臨時政府迫請俄皇退位，俄皇不獲已，乃於三月十五日宣言引退。遜位於其兄弟邁克爾 (Michael) 太公，太公不就，而俄國羅曼諾夫 (Romanoff) 皇祚遂中斷。自此以後，俄羅斯的政治舞臺永無所謂帝王蹤跡，而一九一七年三月的革命運動，亦暫告一結束了。溯自同盟罷工以來，未及旬日，而革命大業居然告成；所以如此迅速的緣故，一方固由於人民之痛恨皇室，然而軍隊與人民同情，乃至合作，實爲民衆勝利，皇室顚覆的主要原因。臨時政府成立後，列強紛紛馳電承認，其始爲美國，次爲英、法、意，以及我國。

（乙）三月革命後之俄國政情　（子）臨時政府之興替　俄國三月革命後的臨時政府，雖說大權操之『自由派』（尤其立憲民主黨）人手中，有力服甫（Livov）公爵爲其領袖，然而自由派究不能支配全局面。因此時國會中黨派紛歧，在革命以前，已有四大派別：

（一）反動派　相信皇帝獨裁政治，主張廢除一切代議制。

（二）保守黨　承認國會制度，主張由貴族支配國政。

（三）自由派　以立憲民主黨爲中堅，主張議院制度，增進國會權力。

（四）急進派　包含社會民主黨及社會革命黨兩派，以要求實行社會主義爲目標。

一九一七年三月的革命，大抵得力於自由派和急進派者居多。但兩派彼此目的不同，意見各異，例如自由派倚國會爲根據，傾向於立憲政治；最高企圖，只在實現民主議院政治；他們所要求的是政治革命，不是社會革命；對外仍主繼續作戰。急進派便不是這樣；他們本澈底不妥協的精神，對內不特要求政治革命，且要求社會革命；對外主張停止戰爭，單獨與德媾和。兩派主張既如此差異，自然傾軋之象，日甚一日。在自由派執政，而勢力尚未支配全國政局之下，急進派起而聯合各方爲反抗臨時政府的運動。這時有代表村民的社會革命黨，和城市中以工人爲中心的社會民主黨，連合要求更澈底的革命，要求改變社會組織，和立卽對外了結戰事。他們的首領說戰爭是帝國主義和資本家挑撥起來的，各地無產階級應該起來強迫政府議和；再由民衆推翻上等階級，中產階級，和資本家；努力從事社會的革命，然後世界民衆才可達到眞正目的。這種教義，並非新奇，不過應用十九世紀馬克斯的學說。這時候對於那困苦無告而多數無政治經驗的俄羅斯人，好像是一種新出的福音；且當歐戰正劇全世界人類羣覺不安的當兒，更易使人信服這種革命主義。急進派人的思想漸次蔓延於俄羅斯各地，大有破壞全國秩序，搖動臨時政府的趨勢。德政府乘機利用這個弱點，助長社會民主黨中的所謂『布爾塞維克黨』（Bolsheviki『多數派』的意思）努力進行革命運動。布爾塞維克黨首領列寧（Lenin）脫洛斯基（Trotzky），都從國外回來大肆宣傳。他們教兵士不要服從長官命令，破壞了一切紀律。最動聽的一句話是『土地均分於農人』。兵士聽到這話，大家都想家去領受一份土地，於是前方俄軍不戰而自行潰退。

這麼一來。自由派所主持的臨時政府，想實行統治全俄而繼續對外戰爭的計畫，當然要歸泡影了。在許多處所，急進派勢力擴張異常迅速；他們組織有兵士工人農民代表的蘇維埃(Soviets)，尤以聖彼得堡的兵士工人的蘇維埃最為發達，隱隱以全國最急進份子代表自居。這個蘇維埃便是後來革命運動的基本隊。卽便說俄國二次大革命的運動，就是『蘇維埃社會主義的運動』亦不為過。

(丑)當日蘇維埃運動的概況　關於俄國所謂蘇維埃，有特別說明的必要。蘇維埃是什麼？列寧說是(一)革命的指示者；(二)革命的寄託者；(三)革命的實現者。世人多以俄國的蘇維埃，係一九一七年革命時期的出產品；實則此種組織在一九〇五年最初革命時已經就有。那時候罷工運動，幾乎遍於全國，而主其事者卽聖彼得堡的蘇維埃。不過那時候蘇維埃還未成為工人議會或無產階級專權的總機關；他們只具一個目的，就是指揮罷工運動。此外並未染到什麼社會主義的彩色，大多數代表還是超然於各政黨以外。到後來蘇維埃改由工人大會組成，在全盛時代，會員有五百餘人，代表好多個工廠業團；他們組織了執行委員會。自聖彼得堡乃至各大城市，一切罷工運動統受其指揮。不幸後來被軍警破壞，命運便隨一九〇五年的革命運動以俱熄。

牠的復活時期，乃在十二年以後，即一九一七年的革命運動中。一九一七年第一次聖彼得堡的蘇維埃，由參加革命的兵士代表和工人代表組成。任命有執行委員會及理事部，及各種委員會。在這年成立的聖彼得堡蘇維埃，起首便享有很重要的政治職役，後來勢力一天增大一天，儼然與臨時政府對抗。蘇維埃自以為對於政府一切政治行動，處在監察的地位；而一方臨時政府亦深忌其遇事干涉，務求消滅之而後已。為了收束戰事和對外政策的二點，雙方發生衝突，五月中臨時政府乃改組而成混合內閣，加入許多社會黨員。畢竟此舉仍不足以改善政局；混合內閣成立未久，新的危機又發生。後來自由派閣員退職，各黨改推社會革命黨領袖克倫斯基（Kerensky）組織內閣。政權遂由立憲民主黨轉入社會革命黨手中。

（寅）克倫斯基內閣及共和制度的頒布　新閣成立後，國人屬望甚殷。但克倫斯基仍不澈底，不足以饜急進派人之望。蘇維埃於是繼續壓迫政府，干涉國政。克倫斯基最後謀維持政府威權，及整頓軍政，樹立軍威。惟自加尼洛甫（Karnilov）將軍謀用武力奪取政權失敗後，中產階級和立憲民主黨聲勢日益衰落，而蘇維埃對於人民的威望，則日益增高。彼時社會黨中之多數派，盛唱共和之說，以鼓動民衆。臨時政府爲應時勢的需求，克倫斯基乃於九月十四日在莫斯科會議中，宣布俄國採用共和國體，幷聲言以維持秩序恢復戰鬬力爲目的。自此以後俄羅斯便永永爲民主共和國了。

第五節　十一月的大革命

什麼是十一月的大革命？簡言之，便是布爾塞維克黨推翻克倫斯基政府的革命，採用『一切權力歸蘇維埃』的口號以實行的。不過要知道一九一七年的蘇維埃，和一九〇五年的蘇維埃，有個大不相同之處，即一九一七年聖彼得堡的蘇維埃於工人代表以外，尚有農民兵士代表；這個事實，是於一九一七年的蘇維埃活動關係很大的。繼聖彼得堡而起的各地蘇維埃，有如雨後春筍，盛極一時；形式縱各不同，但同爲工人、農民、兵士三級代表所組合的機關則一。這些蘇維埃在俄國革命的政治組織中，取得最重要的地位。布爾塞維克黨，便利用了他們攻擊當時中產階級及温和派共同主持的臨時政府，因爲他們都相信緩和政策，不合布爾塞維克黨的急進主義。自布黨人看來，只有蘇維埃能代表革命的精神，而眞正爲民衆謀利益。所以他們袒護了蘇維埃，並利用之以推翻克倫斯基政府，於蘇維埃內設立軍事革命委員會，以爲指揮作戰的總機關。十一月六日，派員至俄都衛戍司令部運動合作，當局慨然許之；因而士官學生，哥薩克兵隊和海軍全部，左袒布黨。七日占領各官署，郵電局，封閉臨時國會，拘留各部部長，克倫斯基僅以身免。八日占領冬宮，聖彼得堡全城悉入布黨統治之下。同時莫斯科變亂繼起，波羅的海艦隊及利維爾的蘇維埃，亦皆先後響應。革命軍遂大占勝利。

布黨既占中樞，立卽解散臨時議會，組織勞農政府，一切大權，悉歸革命軍事委員會。列寧當時提出三大問題：

(一)新政府卽令停止戰爭，並向各國提議休戰三月。

(二)土地應分配於農民。

(三)討論目前國內經濟危機的救濟法。

幷以蘇維埃中央會名義發表宣言，大旨如下：

(一)委政權於過激派。

(二)免前政府官吏職。

(三)釋放曩日被捕之農民委員，而拘捕其逮捕者。

(四)釋放因政治犯而被捕之革命將士。

(五)通緝克倫斯基及前閣員某某等。

但克倫斯基亦自外調兵進攻，初頗勝利，軍僅離俄京五英里，嗣因多數派軍隊麕至，到約一萬六千人左右；而克氏所率哥薩克兵共不過六千五百人，衆寡不敵，遂敗退。其他叛亂亦次第爲布黨戡平。至此俄國十一月的革命算已終結，而布爾塞維克黨算已取得完全勝利。

第六節　勞農政府的設施及其影響

(甲)單獨休戰及單獨媾和　克倫斯基雖敗，但國內各政治團體仍多反對勞農政府；同時列強亦視之爲洪水猛獸，不予承認。這時候的勞農政府，處於四面楚歌之中。多虧列寧手腕靈敏，能一方充分利用下級社會以爲後援，一方更斷行單獨休戰停止軍事動作，幷通電各國下級社會，促其政府與俄取一致行動。一九一八年三月 Brest-Litovsk 和約成立，俄兵卽退出烏克蘭與芬蘭，幷放棄波蘭，立陶宛 (Lithuania)，庫爾蘭 (Courland) 及高加索數處地方，許其獨立建設政府。自此以後，俄國雖喪失人口三分之一，鐵路三分之一，煤礦十分之九，鐵礦四分之三，而列寧政府不之惜也。

(乙)解散國民會議建立蘇維埃共和國　布爾塞維克黨執政以後，列寧仍召集前臨時政府所準備召集的全俄『國民會議』。初不料這個會議的議長仍是反對布黨的人當選，而各種反抗布黨的議案亦一一通過於此議會場中。這個議會的存在，明明是和布黨之專政不相容。列寧等於是決取斷然手段，務求消滅反對派的勢力。於國民會議第一次開會時卽解散之。其在解散該會的宣言中曾說：『工人階級應當覺悟中產階級的議會政治已成過去之事；而與社會主義之實現不相容；惟有階級的組織，(像蘇維埃的，)乃能打破有產階級的抵抗，而樹立社會主義的社會之基礎上。一切中產階級的議會政治對於蘇維埃權力所加之限制，都是退步，而足以破壞十一月的勞農革命』布黨倚了蘇維埃做後盾；這項組織，是沒有中產階級代表在內的。所以俄自一九一八年一月以後，蘇維埃主義完全戰勝了議院政治主義。而在本年第三次『全俄蘇維埃大會』中，乃正式宣布成立『俄羅斯社會主義聯邦蘇維埃共和國。』

一九一八年七月，蘇維埃共和國憲法經第五次『全俄蘇維埃大會』批准，成為俄羅斯聯邦的根本法。憲法中的基本要素如下：

(一)俄國為蘇維埃共和國，國中中央政府及地方之政權，悉集於蘇維埃及中央執行委員會之手。

(二)俄羅斯蘇維埃共和國以各民族蘇維埃共和聯邦，與各民族之自由同盟為根據，而建築於其上。

(三)廢除一切特殊階級，如貴族、地主、教士等。

(四)廢除私有財產，如貴族、地主和教會的財產。

(五)土地及大工業一律收歸國有。

(六)交通、銀行、教育事業等，概歸國家經營管理。
(七)公佈勞働者義務制，制定勞工法規，實行八小時工作制。
(八)組織赤色近衞軍，解除資本階級的武裝。
(九)排除祕密外交，獎勵本國和各國勞働間相互的交歡。
(十)廢除對弱小民族及殖民地之壓制，贊同芬蘭獨立，波斯撤兵，及亞美尼亞自治之聲明。
(十一)取消國內公債及外債。

按布爾塞維克黨成功所以如此迅速之故：(一)由於該黨利用俄人厭苦戰爭的心理，幷以均分土地的利益誘動農民；(二)他們抱定了一貫的主義，有嚴密的組織，能不畏險阻的勇往直前幹去；(三)反對他們的人，類皆毫無實力，徒望英法等國之外力爲後援。由此適足以激起俄人民族的感情，國民自覺性愈烈，國人對於反對派的同情心便愈失去。

(丙)宣傳運動　列寧政府以鼓吹宣傳其主義，爲政府重要事業之一。其規模之廣大，計劃之周密，以及宣傳區域的遼闊，迥然非尋常所能望其項背。彼等爲欲掀起全世界之大革命，特派擅長各國方言的黨員前往歐美各國捐助軍費，鼓吹革命思想，運動各國社會黨起事。最初聯結最密者爲德、奧、匈及巴爾幹諸國，後更延及英、美、法及遠東各國。這黨人爲宣傳運動，不時潛運巨款，或利用無線電報與各國互通消息。德國之斯巴達卡斯團，賴布黨之後援，得以繼續其運動者，蓋不可掩之事實也。而對內則採用高壓政策；其極端壓迫反對黨與有產階級，亦可看作一種宣傳運動。凡反對政府的言論與行動者，概被檢舉監察；企圖陰謀者處死刑。攻擊政府的新聞雜誌，一律禁止發行，私家報紙，簡直沒有，社會所流行的，只是政府或布黨的出產品。總之，他們是宣傳運動與壓迫政策同時並行的。

（丁）教育方針　以素來藐視智力的勞農政府，對於教育事業也居然注重起來，可不是笑話嗎？但亦毫無足怪；他們之注重教育事業，一如其注重宣傳運動。教育目的，在他們看來，僅爲鼓吹和傳播其主義而已。所以凡陸軍學校，職業學校，及徒弟學校等均添有『社會主義綱要』一科目；又爲鼓吹共產思想，使普及於一般國民計，特設『社會主義宣傳者養成所。』以養成社會主義的宣傳人員。校中更設速成科，俾短期畢業後，派往各地做宣傳運動。其宣傳主義於農工，及其他勞働界，一如牧師之傳教然。

至若強迫已達學齡兒童之入學廢除學校中之聖經班及男女教育平等諸端，皆爲俄國教育的特點。

（戊）工業衰落　俄國原就不是一個工業發達的國家，國人工業的智識異常幼稚。戰前各大工廠，全由德國技師主持，開戰以後，德國技師絕迹，一時工業界大起恐慌，不但生產率爲之驟減，工業界現狀且因而紊亂。益以原料之不足，燃料之缺乏，工人日益減少，全國陷於紛亂的狀態。入革命時期，舉國從事於階級爭鬪，如狂如醉；好端端同隸於一個國家的國民，硬把他們分爲資本家勞働家的兩大隊，互相仇視，俄國工業至此，一蹶不可復振。

革命以後，列寧政府曾公布『以職工爲本位』的工場法。爲使社會主義從速實現於工界計，規定六項辦法：

（一）監督工場。

（二）工場國有。

（三）共同經營。

（四）需供調和。

（五）八小時工作。

（六）工資公定。

蓋列寧一派主張，根本便不願本國工業的發達，以為工業一發達，供給定然超越需要，其過剩之生產，必將求其銷場於外國，於是資本主義帝國主義便隨之而興起。職是之故，特加上述六項辦法，以限制之。自此種辦法公布後，俄國工廠多半停閉，其照常開工者實屬寥寥。察其原因，或以原料燃料的缺乏，或因煤油之來源斷絕，或由於交通梗阻，輪運不便，凡此種種，不一而足。

因工場的關閉，致失業的人日益增多。此等失業工人，有挈眷回鄉者，有改往他方就職者，亦有投入赤衛軍中圖享厚俸者。加以鈔票濫發，物料缺乏，生活費陡漲，俄國工業界問題，益發複雜了。

因工業之破產，與糧食之缺乏，國人多有反對勞農政府的傾向，各地時有職工與勞働者起而為反抗政府的舉動，情勢岌岌可危。政府乃照例派兵彈壓之。

（己）財政紊亂　當時列寧政府之三大難關，卽工業衰落財政紊亂及糧食缺乏是也。關於第一次，我們在前節略已述過，此處來言其財政狀態。

俄國財政的紊亂，已達極點；自大戰以來，舉凡金銀銅質貨幣，完全絕跡，所流行者，惟鈔票耳，惟此盈千累萬不兌現之鈔票耳。

自勞農政府成立至一九一九年四月止，發行鈔票共計一千四百五十萬萬盧布。這還不過專就俄羅斯本國之勞農政府而言。在高加索、北俄、西比利亞等處，又各自組織小政府，各自發行鈔票，至一九一九年四月中旬止，已發行出三百萬萬盧布。綜計列寧政府及各小政府所發行的鈔票，合共一千七百五十萬萬盧布。

俄國內債外債總數共有六百八十萬萬盧布。

如上所述，俄國銀幣銅幣完全絕跡者，並非眞正絕迹，乃爲國民所隱藏。爲國民所隱藏的現金，計有（一）金幣四萬三千五百萬盧布；（二）銀幣二萬八千六百萬盧布；（三）銅幣二千三百萬盧布。

一九一八年列寧政府的預算案，計歲出四百六十萬萬盧布，歲入一百二十七萬萬盧布；故入不敷出，相差甚遠。政府爲補歲入不足起見，乃向各縣各市徵收臨時稅；是年年底，全國所徵收的臨時稅充臨時軍費者，達一百萬萬盧布云。

（庚）糧食缺乏　在俄國大革命中最可憫的一件事，無過於革命前後一萬八千萬萬生靈所感受糧食缺乏的痛苦。革命原爲缺乏麵包而起。但革命的結果，到反使麵包缺乏的程度，過於往日。當列寧派煽動俄民推翻克倫斯基政府之時，何嘗不以『平和』『麵包』（當時最大之二問題）相號召；他們的宣言中，口口聲聲，過激派掌握政權以後，馬上停止戰爭，戰事既停，麵包問題當可迎刃而解了。俄民爲求麵包故，不得不趕緊把克倫斯基政府推翻。

誰知到了過激派執政以後；麵包問題，益發緊迫。各種食品憑食劵發給，不能多買。麵包則按國民職業等級分發，多寡不同。大抵，第一級爲過激勞力者；第二級爲普通職工及過激派作工者，與智識階級；第三級爲一般居民；第四級爲有產階級。第一級可得麵包約重中國衡六兩，第二級約重三兩，第三級約重一兩半，第四級只微聞麵包香氣而已。蓋布黨特別置重勞工，以爲只有用體力從事勞働職業的人，才有生活的權利；其他則依情誼關係，略給些糧食點綴點綴而已。

至所飲之茶，亦不易得。俄人向用紅茶，紅茶中須有糖塊，但彼時俄國既無糖，又無茶，更無咖啡等。即菜蔬魚鮮等亦異常缺乏，價值昂貴，購致匪易，肉類更是難得。總之一句話，凡可稱爲食物之品，概屬缺乏。可憐俄民日處於飢饉窮苦之狀況中而無由告訴。

不但如此，當時並牛馬家畜的飼料，亦很缺乏，於是馬車行相率停業，耕牛亦百不一覩。

由上生產低落，財政紊亂，糧食缺乏數端，在足使俄民困於水火。俄民爲此之故，不免時有反抗勞農政府的表示，如俄京蒲鐵洛甫兵工廠的騷擾，斯可洛呼特製靴工場的暴動，皆是明顯的例子。

第七節　新經濟政策之實行

列寧治俄，純採馬克斯的『不妥協』政策，在當他正使用大刀闊斧斫斷一切舊組織舊制度的時候，在當俄國共產思想正高唱入雲的時候，居然有所謂『新經濟政策』的頒布，自局外人看來，寧非咄咄怪事！但我們略一考察俄國當時社會情形，即知列寧有不得不改變原來主張，不得不採用新經濟政策的趨勢。

什麼是新經濟政策？這新政策的內容究竟若何？簡單的說來：『承認農民和小工人自由交易其農產物和製造品，並對外設定「租借地」便是。

列寧在戰爭終了的第二年（即一九二一年）三月，於全俄蘇維埃大會中提出如下的議案——即廢止穀物國家獨占制，允許農民生產物，除去租額以外，可以在市場上自由買賣，又曾經國家沒收的事業和工廠的一部份，貸付私人或團體去經營，又設法把一定資源或區域，租與外國資本家去開發；這便是新經濟的基本政策。江亢虎氏說：『俄國自實行新經濟政策後，各地資本制度的產出，彷彿雨後春筍，一看過去和十七世紀的中歐都市一樣。』似乎俄國新經濟政策的實行，不啻已回到資本主義的地步了。其實亦不盡然。列寧說：『許多人對於新政策，懷抱驚嘆，以爲我們施政，乃急激變化如此。其實這種政策，全包含於我們本來的思想中，我們對德議和時，曾着手平和的建設，那時候就已覺到農民經濟生活的必要，議採用國家資本主義，祇以內亂勃發，驅我們只得向共產主義的生產與分配一途去進行。』

新經濟政策係本着「國家資本主義」的精神，去挽救俄國當時社會的危機的。十一月革命後的列寧派，縱然能把中產階級的許多制度打破，然大多數農民的小資產心理，是打不破的。彼等農民當初因爲土地慾和對地主有惡感，故附和贊同土地國有，及受了土地分配之後，立刻便變做土地國有的反抗者。他們的腦海裏，以爲自己的使用機關，自己的勞動所得，當然應歸自己享受，自己支配；誰知竟大謬不然；於是他們不肯努力去耕作，農產品便大大地減少。因農產品的減少，便引起糧食缺乏的恐慌。同時列強又採用封鎖政策，使俄國不能得着國外的經濟援助；國內工業完全破壞；紙幣日落，幾乎等於廢紙。凡此種種，都足使勞農政府的基礎根本動搖，而證明共產主義之驟行非失敗不可。

然列寧終究臨機善變，他看到這種危機四伏的局面，馬上掉轉頭來，決定採用新經濟政策，許農民除繳納賦稅外，自己農產物可以拿去和人家交換，或儲藏起來，同時政府又拿了好的種子教他們去耕種。一時農業上收成便大大增加。除此以外，政府又允許人民可以有小商業的行爲，從前那些把工業品藏在家裏的，此刻也拿出來發賣了。小工業，政府也准私人或團體去經營；不過大工業，仍歸國家管理。不久又恢復國外貿易，可以把本國過剩的物品，輸運到外國去；而所缺乏的物品，又可由外國運進來。政府更允許外國資本家到本國來開礦和採伐森林。這都是列寧政府定下的政策，亦即是改制後試行的概況。

總之，俄羅斯的革命，先後凡經數次，從一九〇五年起，至今猶在社會革命的狀態中。他們的政治組織，和社會制度，都改變了尋常面目，和近世民主政治主義不同。因此我們要平情的判斷他們的政治組織和社會制度，也就不能不另具一副眼光了。

第六章　德國

德國革命的時期，異常短促，自革命運動發生至共和成立，宣布新憲法，共不過數月，較之法國大革命，和俄國布爾塞維克的革命大不相同。然而在大戰巨創以後，能挽此狂瀾，把一個破爛不堪的國家，重新整理起來至今元氣恢復，居然又列於世界強國之林者，革命改造之功，究不可以等閒視之。茲將德國當日革命的大概情形，擇要述之如左：

第一節　未革命前之德國情況

(甲)德國戰前的組織　一八七〇年普法戰爭之後，俾斯麥(Bismark)定下聯邦國體，特色如下：

(子)採中央集權制，以普魯士爲中心，其他各國均降爲藩屬。

(丑)聯邦以王國四，侯國七，公國五，自由市三組織而成。

(寅)普魯士王兼德意志帝，大權總攬；對內爲行政元首，對外爲帝國代表

(卯)設聯邦會議，以各邦政府的代表組織之；代表總數凡五十八人，而普魯士實佔十七。

(辰)又設帝國議會，以普通選舉的議員組織之，總數爲三九七人，普魯士則佔二八六人。

照這幾點看來，足見普魯士當時勢力之盛了。

(乙)德國戰前的政情　由上看來，德國內部組織，殊未完善，第以數十年來之在位者措置得宜，故能維繫至今。比年社會主義勃興，社會黨在國內的勢力逐漸澎漲，幾與政府相匹敵。國政改革運動，時有所聞。故即無此次大戰，論者亦預料德國內政，不久必將起一翻改革。

大戰之始，德軍頻頻得勝，社會黨人尙無何等舉動，多數派且已加入，他們願犧牲平日的主張，以効忠政府，抗禦外患；自俄羅斯革命暴發，該黨大受影響，自此以後，議會常生衝突，改訂普魯士選舉法，修正聯邦憲法的要求，皆胎原於此。不過這時所爭的，還只是政體，國體尙未論及。

迨戰爭失利，死亡日衆，國人對於皇室信仰，日益降落；加以協約國採用封鎖政策，斷絕德人糧食，德人甚感困難，雖屢用化學方法製造各種食品，但終以原料缺乏，供不應求，國內大起恐慌；社會

黨便乘機宣傳其主義，鼓動羣衆，多方與政府爲難。在當初他們所要求的，只在改造政府，減削皇室與貴族特權，無如政府不允，風潮便愈演愈劇，社會黨便進而與激烈派攜手，聯合而請德皇退位；革命運動於以發生。

第二節　德國革命之經過

當社會黨對德皇攻擊之時，當局爲和緩空氣計，頗思讓步，擢用該黨首領入閣，冀一致對外，彌縫殘局；詎意該黨入閣後，勢力益發伸張，黑杜林宰相忿而辭職，馬繼亞斯繼之。社會黨於一九一八年十一月提出通牒，要求政府承諾休戰條約，及德皇退位太子棄位等問題。時德政府正與美國交涉和議，於休戰一端，固所樂從，而於國體變更，則期期以爲不可。但未久而反對續戰，主張德皇退位的空氣已瀰漫全國，海軍方面又急急準備舉事；南部各邦更聲言如德皇尚不引退，則立卽退出聯邦；同時社會黨與兵士工人的聯合業已成熟，兵工委員會成立；德皇見大勢已去，不得已乃於一九一八年十一月九日宣告退位。皇太子亦願隨父逃往荷蘭，國內各王公大臣，更如秋深枯葉，隨風飄落於無何有之鄉。由是威廉第一以四年（一八六六年至一八七〇年）之鐵血戰爭建立的大德意志帝國，遂爲威廉第二之四年（一九一四年至一九一八年）鐵血戰爭所完全傾陷了。

德皇退位後之數日內，柏林皇宮附近官軍與革軍時相衝突，流血慘劇，殊屬難免。幸未幾而馬相辭職，多數社會黨（卽社會民主黨）首領入長首揆，力圖恢復秩序，紊亂之象，漸歸消跡。

第三節　革命時期中之各黨派

那時德國黨派紛歧，莫衷一是，就其最顯著者言之，約有下列各派：

（甲）反動派（或稱反革命派，大部爲保皇黨）　此黨內部之分子，初爲守舊黨，中央黨（擁護德王者）及貴族等，主張另設新政府，反對革命派；但因力薄，未敢明白宣布。及一九一八年十二月以後，一般官僚，軍閥，汎德意志黨，富民，僧侶，地主，紳士等，相繼加入，遂毅然樹立反對革命的旗幟，向外發表宣言，對政治主張恢復舊業，對社會主張維持現狀。

（乙）多數社會黨（卽社會民主黨）　此黨以愛耳伯特（Ellbert）、犀第曼（Sheidemaun）、與羅次堡(Lotzberg)等爲領袖。主張溫和的社會主義。他們的目的，係在建設一個新民主國，實行共和政治。他們善能因勢利導，中等社會很有倚重他們的。

(丙)獨立社會黨(卽少數社會黨)。此黨首領爲哈斯(Haase)，巴特(Emile Barthe)及提對曼(Tidmaun)等人。主張極端的社會主義，反對多數派之溫和社會政策，與俄國布黨有聯絡，和最激烈的斯巴達卡斯派亦保持友黨關係。

(丁)斯巴達卡斯派(卽德意志共產黨)。按斯巴達卡斯(Spartacus)本爲希臘一兵士之名，被羅馬捕去，罰爲奴隸，幷爲公共劇場之劍士；未幾脫逃至某地方，糾集奴隸軍十萬人，昌言解放奴隸，當時羅馬執政官頗懼之。後因內訌，致爲羅馬所敗。斯氏死於西元前七一年，後有奉爲勞動階級之解放的神者。

德國革命發生後，李勃克尼希(Liebknech)及盧森堡(Rosa Luxemberg)女士，乘機着手組織所謂『斯巴達卡斯團』，爲德國各政黨中最激烈的團體。他們主張建立純爲勞動階級統轄的政府，反對召集憲法會議，要把主權完全歸諸勞工生產機關；一律收歸社會公有；廢止帝政時代之軍事公債。他們唯一的作戰方略，便是同盟罷工，和暴動。簡直和俄國布爾塞維克黨完全一樣。

除此以外，尚有『基督教國民黨』抱民主主義的主張，擁護宗教和正義，以愛伯斯葛克列畢爾，及樸爾精克爲首領；有『德意志民主黨』亦主張民主主義，反對極端的社會主義，同時亦排斥各保守黨，有與多數社會黨接近的趨勢，以蒲類士、佚士孟等爲首領；有『德意志國民黨』抱民主國粹主義，與社會主義不相容，希望君主立憲，偏於保守方面，斯脫利孟、霍格爾等人，爲其領袖。

於上列各派中，當時最佔勢力者，惟社會黨之多數派與獨立派。德皇退位後，曾由此二派組織一過渡之政府，卽國民委員會，委員共六人，兩派各得其半。而此二派亦時相齟齬，而對於國民大會選舉日期爭執尤烈。多數派希望合法政府之早日成立，要求卽行召集；獨立派則利用革命狀態的延長，主張從緩選舉。兩派各執一端，不稍讓步，其黨徒亦互相攻擊，專以排除異己爲事。直至一九一八年十二月二十三日，斯巴達卡斯團暴動發生，獨立派三委員始相繼退位，而全以多數派人充之。自是執掌德國政權者，唯多數派。

多數派既握政權，頗欲用武力抵制反對黨；卻不料一九一九年一月十九日國民大會選舉結果，多數派仍不能單獨把持，不得不改變面目，遷就其主張，期與民主黨和中產階級妥協。此種現像自一九一九年一月起，繼續展延以至於一九二〇年六月。

第四節　革命後之德國概況

（甲）斯巴達卡斯團之亂　自一九一八年十二月，斯巴達卡斯團暴動失勢後，政府基礎，漸趨穩固。顧俄國布黨遣代表洛德克及其黨徒攜大宗款項，潛往德國運動斯巴達卡斯團，並謀與之攜手。自是而斯巴達卡斯團氣焰復張。李勃克尼希在該團會議中，宣布將來國民會議選舉，本團應一致參加。暗中更聯合其他各激烈派，於一九一九年一月六日起事。該日居然能以迅雷不及掩耳的手段，占領伯林電報局，國立銀行，通信社等機關；大多數報紙，亦落於該黨手中。政府乃急行召集軍事會議，協商平定方法，命諾斯克為總指揮，與斯巴達卡斯團鏖戰。這時柏林電話完全斷絕，郊外鐵路，亦一概停止；城內礮聲隆隆，人民異常恐慌。政府軍經數日後，始將各機關各報館奪回，斯巴達卡斯團全部潰退，而驚世之柏林大暴動遂告終結。這次柏林市民死者四百餘人，傷者千人以上。斯巴團之首領李勃克尼希及盧森堡均被殺，以後該派的勢力，遂一蹶不可復振。後此三月間，又會作亂一[illegible]害財產總額不下一億萬馬克，未幾亦爲政府所平。國民會議乃得於一月十九日安然開會。

（乙）國會之選舉及新憲法之公布　（子）國會之選舉　一九一九年二月十二日，德意志共和國成立。選舉前首相愛耳伯特爲大總統；愛氏屬多數社會黨，於三百七十九張選舉票中，得二七七票當選。其次多數僅四十九票。愛氏被選以後，卽當衆宣布：『余誓不偏於一黨，執行總統之職；政府之軍隊，祇以保衛國家，立於正義於自由之上，導國民於正路而已。』

十三日新內閣成立，新任總理犀第曼（Sheidemaun）在會議中宣布施政方針。

（第一）和議問題：

（一）願照美總統威爾遜主張迅立和平條約。

（二）恢復德屬殖民地。

（三）以平等權利加入國際聯盟。

(四)永絕祕密外交。

(第二)內政問題：

(一)以中央集權爲基礎，謀聯邦之統一。

(二)本共和精神組織國民軍。

(第三)經濟問題：

(一)凡因戰事受損之各工廠，應速謀恢復。

(二)戰時糧食制度仍當維持。

(三)凡屬專賣性質的事業，概歸國家經營。

(第四)社會政策：

(一)增進國民之健康。

(二)謀物產之增殖。

(三)設戰時利得稅。

(四)銷卻聯邦公債。

(五)確保集會結社之自由。

既而巴威共和國及薩克遜共和國，亦先後成立。

(丑)新憲法之公布　德自國民會議成立後，(二月七日選出議長)即積極從事於制憲事業，未幾新憲法成立。大總統愛耳伯特博士於一九一九年八月二十日出席國民會議，履行宣誓典禮，其他各員亦相繼宣誓就職。從此以後，此憲法遂垂為德意志聯邦共和國的基本法。

依新憲法規定，大總統為國家元首，任期七年。被選資格為年滿三十五歲以上之德意志國民，得以當選。總統權限，與立憲國的君主相當，不但無宣戰媾和之權，即任免官吏，亦受種種制限。大權全在內閣，總統備位而已。所有命令，概須經國務總理副署，否則不生效力，與瑞士總統頗相似。

立法機關為德意志議會，係一院制。議員依照一九二〇年四月訂定的新選舉法選出。這選舉法，稱自動比例代表法，為現代最進步的方法。有選舉權者，為年滿二十以上的國民，不分男女。投票不是對人的，是對黨派的。以投票數六萬選出議員一人為原則。議會中沒有一定席數，參加投票的人數多，則議員數亦多，少則議員數亦少。

議會以外，更有參議院（實則可稱爲聯邦議會），由十八邦代表組織之。議員總數五十七人，普魯士佔二十二人，其餘各邦人數不一，但至少亦有一，

憲法中關於民生一項，特別置重；其第五章曾特訂計生活一條，規定生計生活的秩序，須與公道大原則和人類生存大目的相合。各人都享有生計上的自由。雖未曾廢除私產制度，但國家可以隨時備價收買私人產業，作爲國家公有。更製有勞働法，爲保護勞工利益之工具。工人與資本家在法律上一律平等。生產方法，由廠主與工人共同商定。此外又組織有地方的勞動會議，和全國的勞動會議，目的同在保護勞工利益，並替他們謀生活上的改進。

由此看來，德國革命後，雖沒有採用極端的社會主義，可是憲法中包容的社會主義精神，已屬不少。

（丙）復辟運動的影響　一九二〇年三月，德國發生復辟運動，由汎德意志黨之活動而起。他們乘首都空虛，突將柏林佔據，政府要人紛紛引避。復辟派旋組織了帝國內閣，（卡波自爲宰相。）

各邦大都反對;遂由愛耳伯特率領大軍圍攻柏林,復辟派不敵,乃宣言退職,政務仍交還原政府。愛氏復位,而復辟之亂平。

這次復辟運動,對於德國的影響,至少可有下列兩端:

(一)對外:德國經此一番變動後,更當誠實履行和約,聽從協約國的支配。

(二)對內:德在大戰之餘,元氣斲喪殆盡,再歷此一番浩刼,當然人民更不安生了,共產派更可以乘機活動了。時斯巴達卡斯團乘國中紛亂,四出爲激烈的活動,大肆騷擾,雖卒爲政府所平,然各地損失已不小。此皆爲愛耳伯特總統在位時之大概情形也。

自愛氏之任期滿後,繼之者,爲前陸軍大將興登堡。興氏亦富有才幹,定能繼承大業,效力國家,努力做去。

至內閣總理的遞嬗,則由犀第曼而保爾(Bauer),而米勒(Muller)而斐棱巴哈(Fehrenbach),而衞特(Wirth),而邱諾(Cuno),而斯忒勒斯曼(Stresemann),乃至於今。內中有由一黨選出的,亦有由數黨公推的。(最近馬爾格斯屬中央黨,而其內閣則爲中央黨國民黨及民主黨各中間黨的聯合內閣。）此外如任期之長短，與歷境之順逆，此處難以縷述了。

第五節　結論

總之，德意志革命爲時雖短，而其結果，非特把德國的政體國體，統統改變面目，抑且影響歐洲全局。當革命之初，確不免有走入俄國過激化的趨勢；但此種俄國式的勞農專制，畢竟不足以滿足德國人之期望，更不足適應當時社會的需要。因其主張不能博大多數人的同情，而多數派所持之溫和社會主義，則正合德人胃口。多數派執政後，頗能運用各方勢力以制止共產派，排除保守黨，消滅復辟運動，而奠德意志共和國基礎，使有磐石之安。今則國內秩序完全恢復，經濟狀況漸次安定，國際間關係更日有增進。一九二六年成立羅加拿條約，幾與列強處平等之地位。翌年加入國際聯盟，又佔常任行政會員之一席。我們此刻再從何處看出德國是個曾經戰敗的國家呢？從何處辨別德國之不如列強呢？飲水思源，不得不歸功於當時之革命運動。

至此次革命運動所以有如此迅速者，則由於威廉政府在長期的戰爭中實力幾乎完全失去，加以糧食不給，怨讟沸騰；故革命軍掉臂一呼，全國登時瓦解。此種情形和上述之法俄等國，迥不相侔。所以德國革命之成功，與其謂爲得之暴力毋寧謂爲得之政府之讓步，與其謂爲得之全國之響應，毋寧謂爲得之人民之無抵抗。

多數社會黨夤緣時會，唾手而擢全國政權，其始與獨立社會黨聯絡，組織了混合過渡機關；其繼，卻又排除之；爲增厚本黨力量計，且不惜犧牲其主張，以求援於敵對之中產階級；其手段之靈妙，固非尋常所能望其項背；惟揆之純潔的政黨道德，卻難免人訾議。但當威廉遜位，政權絕續之交，一時人心思亂，浮言朋興。而獨立黨委員，仍堅持極端的社會主義，斯巴達卡斯派更多方暴動，務求達其建立勞農政府的目的；卒賴多數黨之砥柱中流，奠定德意志共和國聯邦的基礎，不致爲蘇俄之過激所化，而召協約國之反攻。論者每謂此實有功於歐洲和平，不止大有造於德國。

第七章　土耳其

說起土耳其，牠本是中國古代所謂的突厥；在前幾年，國政極其腐敗；當時世界上稱中國為遠東病夫國，土耳其便是近東病夫國。歐戰發生，土耳其德奧聯盟，戰事失利後，協約各國，聲勢洶洶，土耳其幾不復成爲國家。比時忽然異常突起一輩起義於阿那托力亞（Anatolia）的愛國志士，經過三年多的苦戰，居然擊退了外國軍隊。一九二三年的『洛桑會議』（Lausanne Conference），毀棄了『綏弗爾條約』，解除了從前各種束縛。結果，非特滅亡之禍因以免除，並且確定了獨立的基礎，在國際上取得平等的地位，至今儼然成功一個有力的國家。茲將土耳其的復興運動，分作兩大時期，述之如下。

第一節　一九〇八年的革命

（甲）這次革命的經過　當哈密第二（Abdul Hamid II）在位，一切政治大權，都在他個人手中；對於國內青年之革新運動，壓迫不遺餘力。偵探四布，法網密張，專制可算達了極點。而一方外患迭乘；俄國屢屢嗾使斯拉夫民族爲亂，英國亦處心積慮，肆意侵略；哈密這時候簡直無法應付，形勢岌岌可危。於是一般愛國青年便着手『少年土耳其黨』的組織。當初以巴黎爲大本營，暗暗向國內活動。一八九七年曾起事一次，失敗，軍官學生因與謀而被處死刑者十三人，被流放者八十餘人。但他們并不少懈。後來在國內得到根據地，設委員會於薩羅尼加（Salonika），糾合軍人，大肆宣傳，勢力擴展甚速。至一九〇八年七月，遂舉兵於薩羅尼加，要求哈密宣布憲法。哈密無法，允其請，頒布憲法，重開國會。

雖然，哈密爲此，實非出自心願，純爲被強迫而然；加以舊時官僚及偵探等，因職位被革，一個個心懷怨恨；因於一九一〇年四月，買通君士坦丁軍隊，宣言反革命運動。不久卒爲少年黨所平；乃開國民會議，迫哈密退位，移居薩羅尼加，立其弟穆罕默德第五世爲蘇丹，一切政事全由黨人主持，蘇丹不過傀儡而已。

（乙）少年土耳其黨的政策　少年土耳其黨素抱改革庶政恢復國權的宏願，其中不少熱心有志之士，雖目的未能完全達到，但在土耳其復興史上貢獻已屬不小。自從他們執政以來，即積極努力下列各事：

（第一）施行憲政　這次革命最大目的，在恢復一八七六年所頒布的憲法。依此憲法規定：國會採兩院制，上院議員由土皇指派，爲終身議員；下院議員由各省按戶口比例選舉，每五萬人選出一人。內閣閣員對議會負責。憲法中包含幾個重要原則：（一）爲土耳其領土的保全；（二）爲個人自由的保全；（三）凡土耳其人不分宗教、種族，一律平等；（四）土耳其人民皆有從軍奉公的義務；（五）土耳其人民須服從憲政政府；（六）定土耳其爲法定文字。

（第二）改良軍備　土國在俄土戰爭時已有軍隊七十萬人，第因組織上、戰具上諸多劣點，致戰鬭力不免較爲薄弱。此次少年黨人執政，改分全國爲十三個軍區，歐、亞兩洲領土各居其半。每軍區駐兵一團，每團各有若干師；各軍區的編制既經劃一，調遣自較敏捷。此外更用重資訂購軍械，聘請德人充當教練等等不一而足。

（第三）統一內部　當時土耳其國內包含着各種不同的種族、宗教與文字；少年黨人爲統一內部起見主張全國均加『土耳其化，』甚至鼓吹『汎土耳其主義。』方法最重要的：(一)統一語言文字；(二)實行徵兵制度；(三)移民實邊。

(第四)強硬對外　土耳其一向外交上的失敗，亦不知多少次。少年黨人急急欲恢復國權，重樹巴爾幹的勢力故對外以『不妥協』爲原則。因爲土耳其受了列強不平等條約重重的束縛，屢謀所以解除，但以未得相當時機，到底沒有法子。大戰發生，土耳其政治家以爲良好時機到了，便於一九一四年十月，突然宣布廢止一切不平等條約。事先德國要求以加入爲條約，英國又以保守中立爲交換，其他各國除美以外亦無暇顧及。可惜後來因爲土耳其加入了德奧聯盟，是戰敗國，所以只好聽憑協約國的支配宰割而莫敢誰何了。

第二節　一九一九年的革命

(甲)列強宰割下之土耳其　土耳其的衰落，始自十八世紀，自此以後，無日無時不在列強的侵凌與壓迫中。歐戰發生，協約國以戰勝餘威，欲藉此驅土耳其於歐洲以外，爰於一九二〇年與土耳其訂綏弗爾(Severs)條約，把土耳其領土割去個大半：東色雷斯(Estern Thrace)被割於希臘；君士坦丁由國際共管；小亞細亞則由英、法、意三國協定劃分某部屬法，某部屬意，某部屬希。以後土耳其所殘餘的領土，只不過奇悉耳伊爾馬克(Kizil-Irmark)河流域的黑海岸一帶；不論在地中海或愛琴海，已是一些海岸線也沒有他的分了。

不但如此，各國尚以土耳其爲駐兵的場所；如意大利駐軍於亞達里亞(Adalia)；希臘屯兵於士麥拿(Smyrna)；在美索不達米亞(Mesopotamia)方面有英軍；在敍利亞(Syria)方面有法軍，他們從種種方面向土耳其僅存的領土進逼。

(乙)異軍之突起　土耳其外交上所受的巨創，我們在前面已可知道；益以內政的不修，繼少年黨而起的政府之無能；所以實際上土耳其這個國家已經絕望了。乃不料值此千鈞一髮之際，土耳其忽能從九死一生中，救出這個救主，便是凱末爾(Mustafa Kemal)將軍，及其所領率的軍隊。

凱氏當被貶爲阿那托力亞東部檢閱使時，認定欲保護國權，須於外人勢力不及之地造成一種實力，而阿那托力亞正是土耳其的領土；因此他就那裏組織國民軍，打起革命的旗幟，昌言以捍衞國土爲目的這是一九一九年春間的事。

到了一九一九年七月舉行優查倫(Erzerum)大會，乃是新國民黨第一次的大會。這黨是土耳其愛國之士所組成，凱末爾是他們的領袖。在當初他們目的僅在保護東部七州；惟至九月開第二次大會時始決議再進一步以捍衞全土耳其爲重要使命。其宣言中有云：『不論何種情形，我土耳其的獨立，決不能聽受人家的限制；故凡我土耳其人民所居之各省，不論何地，我們都不承認與帝國分離。』又說：『不論何地都不能以之與亞美尼亞或其他各國。』一方要求各國撤兵，他方更宣稱不信任君士坦丁政府。十月安哥拉(Angora)政府正式成立。

一九二〇年八月十日協約國強迫蘇丹簽字承認瓜分土耳其的綏弗爾條約。安哥拉政府極端表示反對；並乘聯軍他調機會，把法意兩國人驅逐出境。法意兩國政府爲忌英國勢力及別種關係，遂於一九二一年春與土耳其另訂協約。同時土耳其又與阿富汗訂攻守同盟，與俄羅斯訂歸還侵地條約。惟有英國始終侵略到底；一再嗾使希臘向土國國民軍進攻，致釀成一九二一至一九二二年的希土戰爭。土國因得法、俄、意各國的幫助，終於把希臘打敗。不多時國內禍亂亦次第削平。遂於一九二二年十一月開和平會議，議決廢止蘇丹，回教教主職位仍由奧斯曼（Osman）皇室世襲。自此以後土耳其遂永爲土耳其人民的土耳其了。

翌年十月，安哥拉議會議決定都於安哥拉，並宣布土耳其爲共和國，舉凱末爾爲第一任大總統。土耳其在政治上總算闢了一個新生面了。

此後應努力的在謀國際上地位的增進『洛桑條約』（Treaty of Lausanne）不知經過多少困難，纔能於一九二三年七月正式成立。條約中規定：『一切締約國，承認所有在土耳其的各種條約特權，今後完全廢止；』由是客郵也廢除了，領事裁判權也取消了，關稅協定也不用了。至於一切無聊的組織，如監督財政，監督軍事等委員會，當然更無存在的餘地。此外又從希臘手中奪回東色雷斯地方；法、意、英各國也都實行撤兵了，先前他們建設亞美尼亞的計劃，於是全歸泡影。這時候土耳其完全是個獨立自由的新興國了。

（丙）新土耳其的前途　由上所述，可知土耳其的革命無論對內對外，總算均已成功，今後新土耳其的目標，要在努力於建設方面了。他們對於整頓教育，改良司法，獎勵農工商業，提倡婦女運動，等一一進行不懈。最近國民會議採取的根本政策，約有下列六大要項：

（一）土耳其抱定民族自決主義，反對一切侵略行爲，如他國不侵犯土耳其本部的獨立，則土耳其亦不願與他國開戰。

（二）土耳其自認其所處地位與一七七六年革命後的美國同，故國民會議，決定採取當時建立美國憲法政府者之行動。

（三）土耳其政府以統治土耳其人佔多數的土地爲滿足，非定要統治敍利亞、美索不達米亞、漢志，及其他阿剌伯國家。

（四）土耳其國境以包括土耳其人佔多數的土地爲限。

（五）土耳其今後願集中精力，發展土耳其本部，使之適合於現代的經濟與文化。

（六）土耳其歡迎各國資本開發本國實業，其一切條件與本國人民所享受者相同；但不得享受超越本國人民的權利。

第八章　其他民族

第一節　總論

各國革命運動，遠自英吉利、法蘭西，近至俄羅斯、德意志，到了現在，此種潮流，更是波濤澎湃，不可嚮邇。歐戰告終，美總統威爾遜提出和平原則十四條，大唱『民族自決主義』，一時全世界弱小民族和國家，咸喜出意外，以爲救星已降，得有抬頭超昇的日子。故在巴黎和會未閉幕以前，人們都眼巴巴渴望威爾遜總統的主張，能以實現，各弱小民族和國家，能得一個機會以宣洩其寃抑之氣；豈意結果下來，竟令人大失所望，什麽叫『公理』，什麽叫『正義』，『人道』，要不過各强國拿來欺騙各弱小民族和國家的工具罷了。於是各弱小民族和國家，頃刻覺悟過來，知道欲圖『民族自決主義』之實現，只有眞正民族的『自決』才算可靠；與虎豹談仁義，是不中用的。換言之，只有培植自己力量，方爲自救自拔之唯一法門。職是之故，各弱小民族和國家，無論其已合倂或瀕於滅亡者，一齊躍起，紛紛爲獨立自由的運動，如朝鮮、印度、愛爾蘭等，縱結果各有不同，然同爲此『民族自決』的潮流的代表則一。

現在就把這幾國的革命運動分開來說說：

第一節　朝鮮

（甲）朝鮮獨立運動的緣起　朝鮮自昔爲我藩屬，一八九五年中日戰爭後，始脫離我國而獨立。一九〇五年日俄之役，俄敗，朝鮮淪爲日本保護國。日本在朝鮮設立了監府統轄一切。至一九一〇年，朝鮮合併於日本。自此以後，層層束縛，朝鮮人言論舉止，概不能自由，政治、經濟、教育等大權，更全操於日本人手中。

在當歐洲和會開始的時候，『民族自決』的空氣，彌漫了全世界；朝鮮人之僑居於美者，起而爲民族之獨立運動。其始請美政府對於彼等切實加以援助；繼之向美總統遞呈請願書，幷於美國設立本部，以與各地朝鮮人聯絡。在東京方面，則於一九一九年一月七日開第一次留日朝鮮學生大會，討論獨立問題，到者數百人，以事被日警探知，遂被解散，並捕去主事者尹昌錫等十餘人。朝鮮人至是益感亡國之苦。有志者便着手組織團體，從事劇烈運動。會有東京青山學院朝鮮學生十餘人鑒於前次起事之未成，急思繼起，爰糾集同志開祕密會議於東京神田朝鮮青年會館，不料又爲日警所知，會未及開而主謀者五人又被捕去。

兩次運動，均遭失敗，但彼等絕不灰心，前仆後繼，再接再厲。二月八日，朝鮮學生六百餘名，又在青年會館舉行會議，討論獨立事件，歷數小時。忽來大批警察，勒令解散。衆拒之。日警卽橫施武力。朝鮮人大憤，彼此交相鬭擊。後以日警到者益多，鮮人衆寡不敵，被捕者有金赫壽等二十餘人。以上爲初期朝鮮學生獨立運動的大概情形。

然這還不過一個開端；三月一日以後，朝鮮獨立運動，更有長足的進步。先是，日本當局逆料三月三日，朝鮮李太皇出殯時，漢城必發生亂事，遂預派多數憲兵密布於漢城。卻不料朝鮮人早知政府已有準備，他們卻不於漢城舉事，而於日警之向該城移動時，分往鄉村結隊遊行，聲稱朝鮮獨立，昌言：朝鮮爲保障東亞和平計，爲遂本民族之正當生存計，爲促日本早自改邪歸正計，不得不有此次之獨立運動當揭示公約三大條：

（一）今日吾人此舉係爲擁護『正義』『人道』『生存』及『尊榮』悉依民族的要求自由精神而發揮之決無排外的感情。

（二）我民族正當的意思，雖至最後之一人，最後之一刻，亦必發表之。

（三）吾人一切行動，尊重秩序，自信主張正太態度光明。

同時又用『全朝鮮青年獨立團』名義，發表對外宣言，縷陳日本歷來憑欺詐與暴力等手段，以使朝鮮與世界分離，俾卵伏於其羽翼之下。在日本統治下之朝鮮人民，其待遇直與奴隸牛馬相若，非但參政權被剝奪，卽集會、結社、言論、出版等自由一概失去；甚至信教自由、企業自由一類亦受束縛。種種壓迫殘害事實罄竹難書。今日朝鮮人民已起了很大的覺悟：知無論如何，須依正當之方法，追求本民族的自由，萬一不成功，只有取自由行動，爲自由流血，至最後之一人而止。

（乙）繼長增高之朝鮮獨立運動　自上述對內對外宣言發出以後，各地爭先響應，一時朝鮮獨立運動，風靡全境。從三月一日至十二日，獨立區域已有三十餘所，（如京城、開城、平壤、鎭南浦、安州等均是;)參加的人大抵爲書生、教徒、勞工之類,並未倚仗何等外力或資本家以爲後援;赤手空拳,抱着一腔熱心而與帝國主義的爪牙決鬭;口呼獨立,高揚國旗,上撼山岳,下泣鬼神。事雖未就,然影響卻亦不小:

(一)經此次運動後,朝鮮人獨立觀念日深而普遍,今後只須有機可乘,隨在皆可發生運動,結果非至達到完全獨立目的不止。

(二)日本此後亦知屬地政治有急應改良的必要。

(三)朝鮮民族自有此次運動後,世界各國始知朝鮮人心未死,因而寄以相當之同情和贊助。

壓迫的儘管壓迫,運動的卻依然進行運動,決不因而少懈、自三月十七日至四月五日之四星期內,朝鮮人民參加運動者日益衆多:以人數言,至少有三十萬;區域遍於全境。總計,死於難者二千餘人,受傷者五千餘人;死傷總數在八千以上,亦云慘矣!

然那日警無情的槍桿,終不能寒鮮人不畏強禦的壯膽。四月六七,八等日,鮮人在忠北、鎭川、京畿、利川、江界等郡,仍有大規模的獨立運動,死傷亦不在少數。那時據路透通信社稱:四月八日,漢城已成立朝鮮臨時政府，舉李唐輝博士爲總統，李頌孟爲國務總理，餘閣員多爲歐、美留學生。發表臨時政府宣言說：『朝鮮基於四千餘年之民族歷史的權利，順應世界之大勢，並爲子孫萬世之生存及發展之自由計，不得不將朝鮮爲獨立國，朝鮮民族爲自由民之事，宣告萬國：朝鮮國土雖爲日本所佔據，然朝鮮的主權，依然存在；日本對朝鮮之統治權，朝鮮民族並未表示承認，且正式一致否認之。』未幾又公佈拒絕納稅，及否認日人在境內施行裁判和警察行政等政令，表示始終反抗的決心。

(丙)日本之高壓政策　日警屢以武力驅散朝鮮人民的集會。日軍荷槍實彈，向爲獨立運動的朝鮮人而射擊。屢次運動失敗，死傷人數，異常衆多。由此可以明白日本對朝鮮人的獨立運動取的是什麼態度了。當日日兵將被捕朝鮮學生，捆縛於十字架上，橫施慘刑時，戲謔他們說：『你們素愛你們的上帝耶穌，曾受刑於十字架上；現今你們亦有機會受這樣同等的刑罰了！』朝鮮人之被捕去的，那個不是皮開肉爛，鮮血淋漓；在教會則焚燒其房屋，折毀其器皿。一言以蔽之，『慘無人道』而已。

不但如此，朝鮮行政當局更電飭各地駐警：『凡遇有羣衆騷擾，卽行發射實彈，不容絲毫有所假借。』同時並飭各府及郡，一概遵守，毋稍寬貸。

此外又定取締朝鮮人民旅行辦法，實行禁止朝鮮人市場的交易；及頒布政治犯的處罰條例等等，重重防範，用心不可謂不毒，設計不可謂不巧！

（丁）結論　以上述朝鮮獨立運動的由來，經過，及日本對付他們的政策。表面看去，似乎朝鮮的獨立運動，以受日本的壓迫摧殘而未成功；但實際，橫蠻的武力，決不足以抑壓方興未艾的民氣。今日的朝鮮人民大都還有個極深的獨立觀念在腦中；有了這麽一點根苗，將來終覺會有發榮滋長的一日。

第三節　印度

（甲）印度獨立運動的由來　印度自被英國併吞以後，政治上、經濟上受了無限的束縛；一般人民的苦痛，怕不是其他各國所可比擬的。印度人本來性好和平，非至萬不得已，不願有革命之事發生；而且在印度進行革命運動，亦有種種特殊困難：第一，因爲印度的交通不便語言文字不統一，要做宣傳運動，當然是不容易的。第二，因爲印度人的階級觀念太深；貴族不與平民接近，他們的利害不同，自然團結起來也就異常困難。第三，印度人民的知識程度太低，即令向他們傳宣，未必就能懂得。再加以宗教的複雜，有佛教、有回教、有婆羅門教等，也給他們難以結合的原因。

在大戰以前，印度人民所要求於英政府的，只是自治，所以英國如肯允許他們有個自治的政府，則印人亦不妨相安於英國統治之下。歐戰以後，印度人民的要求，已由自治而變爲獨立了。這個正和愛爾蘭事件相同。爲什麼呢？因爲在大戰期內，一般印人之願爲英國死戰者，大抵存了一個很大的希望，以爲今日既傜般替英政府效忠，他年待遇自較以前要好些。詎知戰事終了，英國對於印度的政策，依然壓迫如故。非但絲毫未曾改善，倒反增加多種無理的限制；印度人至此異常憤恨，決不以要求自治爲滿足，而要進一步作獨立反抗的運動。

(乙)獨立運動的方法　印度獨立運動以甘地(M. K. Gandhi)爲領袖；甘地是提倡『和平革命』最力的一個人，他持的兩大主義：一是『非暴力主義』(Non-violence)，一是『不合作運動』(Non-Coöperation)。『非暴力』與『不合作』爲印度獨立運動的兩大柱石。二者一物之兩面也蓋綜言之,『消極抵制』而已。甘地以爲只有這個『消極抵制』的方法,才可以使革命成功,才可以使印度獨立。用了這種方法,可以不必流血而奏凱旋,故世人稱之爲『和平革命』。『和平革命』便是所謂『不合作運動』

不合作運動的方法,據一九二〇年十二月印度國民議會通過的凡有八款:

(一)拒絕一切英政府所頒給之官銜,爵位,及名譽官職。

(二)戒絕飲酒。

(三)一切男女學童不受英國教育,免爲外人奴隸。

(四)設立學校及大學院,以印度國語及手工業爲主要科目,以英語及其他歐語爲次要科目。

(五)排斥英國司法制度,及英國式之法庭與律師。

(六)抵制外國布,復用印度土布。

(七)印人不再在英政府及不列顚軍警行伍中服務。

（八）不納租稅。

這個不合作運動，確實給了英國一種很大的打擊，並使其窮於應付。因為加入此種運動的人，幾於包含印度人的全體：無男女老幼之別，無宗教等級之差，團結一致以與英人抗。英人縱極智巧，又有什麼用呢？

英政府因恨印人已深，後決取強硬手段，令印度總督，逮捕甘地及其夫人，又其友班克爾（Banker）入獄。甘地判監禁六年，入獄時，曾諄諄以『力行勿懈』勉勵其國人。

（丙）甘地入獄後之獨立運動　甘地等被捕以後，印度革命運動，漸轉入於另一方向。即有一派人鑑於往事之無成，主用參與政治，派選代表出席立法議會及參政院之方法，以達到自治的目的。這派人號稱『自治派』（Swaraj Party）便是普通所謂改革派，與不合作派對稱。自治派在印度革命運動中亦有相當的成績。他們在英政府立法議會中佔有重要的地位。他們曾提議於一九二四年二月，召集各方代表開會討論修正憲法問題，卒以多數通過；雖以印度總督和英國內閣之不許，然他們能依公道原則去反對英政府的妨礙政策，否認中央立法議會印度政策的預算。

不過自治派於一九二三年全國代表大會中通過推翻不合作案致與不合作派人立刻站於敵對的地位，分散了革命勢力確是一件不幸的事。這個是和一九一六年前『印度回教同盟會』和『印度國民大會』互相仇視的現象一樣的。英政府見着他們自相殘害，自然更好橫施壓迫，藉了種種名目去捕殺革命領袖。結果下來，大家都感覺到不一致的痛苦。於是他們重新謀各方面的聯絡，於一九二四年十一月開聯合會議，決議一致行動，並確定以後革命運動的三個途徑：

(一)印回各教一致行動；

(二)打破階級界限；

(三)抵制外國棉布，而以本國之手織布爲代。

直至今日，英政府對於印度依然採取嚴厲態度和高壓政策；這個只要據最近英印度大臣貝根赫德（Birkenhead）爵士，和印度總督里丁（Reading）的演說，便可知道。這樣看來，印度離開獨立自由的地步還遠得很呢。但他們一日不能達到獨立自由，便一日不會停止革命運動的。

第四節　愛爾蘭

（甲）愛爾蘭問題的發生　考愛爾蘭之合併於英，雖在二百餘年以前，然因愛爾蘭之種族、宗教、文化等均與英格蘭不同，畢竟難於同化。英格蘭爲條頓族，愛爾蘭爲塞爾脫族。英格蘭人多奉新教，愛爾蘭人多奉舊教。愛爾蘭文化，不如英國遠甚。爲此之故，愛爾蘭嘗有政治上宗教上、文化上保持獨立，不願受英政府統治的表示。近數十年來，愛爾蘭要求獨立益復劇烈。大戰以前，英政府不得已頒布愛爾蘭自治案，冀以籠絡人心；會大戰勃發，自治案之施行因而擱延同時愛爾蘭政黨勢力，亦驟然變易。

原愛爾蘭向有兩大政黨：一是『國民黨』主張緩進，要求在英國國會統治下實行愛爾蘭的地方自治。一是『新芬黨』，主張急進，要求脫離英國而造成愛爾蘭獨立國。大戰前國民黨議員在英國國會中佔大多數；大戰開始後，新芬黨勢力驟然增加，國民黨則逐漸減退。一九一八年十二月，選舉結果：新芬黨在國會中得七三票，國民黨則只得七票。從可知愛爾蘭人已由緩進改趨急進，而愛爾蘭問題自此益發緊急了。

（乙）愛爾蘭獨立運動的始末　在愛爾蘭獨立運動中最有力的團體無過『新芬黨』『新芬』（Sinn Fein）即『我們自己』的意思。『新芬運動』即『民族自決運動』。蓋新芬黨人根本認清要想解決本己利益問題，不可仰之於英國的議院，只有自己倚仗自己憑着自己的力量，以求達到經濟上完全脫卸英國的桎梏，政治上建立一個獨立的愛爾蘭共和國。大戰開始後，黨人運動甚爲劇烈。至一九一六年，西歐戰爭正在危急之際，愛爾蘭乘機叛變，新芬黨正式宣布愛爾蘭爲獨立共和國。此種叛變，未幾即由英政府以武力壓平。戰後新芬黨雖於選舉大獲勝利，然此不過表示愛爾蘭民意的一種趨向；至當選之新芬黨議員，固未嘗出席於國會。既而和會開始，民族自決之聲，一時甚囂塵上，因此新芬黨領袖於一九一九年一月，在愛京都柏林（Dublin）開會二次宣布獨立，並正式聲明愛爾蘭共和國成立，舉伏列賴教授（Professor de Valera）爲總統。然獨立宣布以後，英政府治理愛爾蘭，一如舊狀；新總統伏列賴教授則方爲英官所幽禁，故所謂愛爾蘭共和國者，仍不過一幻想國而已。

迨一月以後，新芬黨派代表至巴黎向和會各代表各呈一函，要求承認愛爾蘭共和國，並許其爲國際同盟的一份子。但當時和會中執牛耳者爲英國，愛爾蘭問題之不能爲和會所考慮，因勢所必然。

國內新芬黨人對英，嘗用暗殺和刦掠的手段；軍警之被暗殺或失蹤者時有所聞；有時以大隊爲亂於市中。愛爾蘭全境除厄爾頓得（Ulster）省以外，若中部的都柏林，南部的科克，向爲繁盛城市，今則已爲擾攘驚怖之區。一九二〇年七月某日都柏林新芬黨於黎明集二十至三十人攜武器入郵局公文處，刦獲英政府對愛爾蘭的公文報告十餘車以去；軍警索查，竟不能得。似此刦掠的事，層出不窮，英政府對之簡直沒有辦法。

在國外則又有美籍愛爾蘭人之聲援。蓋美國全人口中，愛爾蘭人實占六分之一。彼等於母國情況關懷至切，對於新芬運動，自然援助甚力，彼等或爲言論上的聲援；或爲金錢上的捐助；或派代表向威爾遜總統請求在和會中提議愛爾蘭事件；或運動美國最高立法機關通過關於愛爾蘭事件的決議案，不一而足。新芬黨人自得此等援助後，聲勢益發高漲了。

（丙）英政府對愛爾蘭所採之方針 前已說過，大戰以前，英政府曾頒布愛爾蘭自治法案以籠絡人心。嗣因戰事發生此案遂無形停頓至戰後英政府對付愛爾蘭的方針，仍不外兩方面：一方採取嚴厲手段以壓平內亂，一方則重提自治案以收拾民心。一九一九年七八月間，愛爾蘭總督夫棱赤（French）公爵下令禁止新芬黨在愛爾蘭全境集會，嗣又解散新芬黨人所設的『愛爾蘭議會』，遍搜新芬黨員的家宅逮捕黨員數名，並將新芬黨主辦的報紙數種禁止發行。至十二月復將愛爾蘭發行的自由人報，獨立報封禁，幷拆毀其印報機。同時各地的反動亦甚劇烈。十二月十九日夫棱赤總督被人擲彈暗殺，未中，僅傷一護兵。嗣後愛爾蘭境內時有亂事發生，而英政府亦有戒心云。

最後英政府仍用籠絡手段，於一九二一年十二月六日英首相與愛爾蘭代表訂立英愛和約——即『愛爾蘭自由邦條約』，內容大概：

（一）愛爾蘭有和殖民地同樣的地位。

（二）愛爾蘭負有償還英國公債及繳付戰時恩俸的義務。

子。

(三)愛爾蘭自由邦國會議員，應宣誓忠於自由邦憲法，並且忠於英愛共同法定的國皇和太

(四)愛爾蘭立國會治理愛爾蘭，立行政機關對國會負責。

(五)英國擔任海防，至自由邦能自己防禦爲止。

(六)自由承認將海港便利給與帝國海軍。

(七)愛爾蘭防備兵不得超過與英國協立的比例，這比例是由英愛戶口比較而成。

(八)彼此互給口岸的便利並且酬賞改變的官吏。

(九)限期一個月，聽厄爾斯德聲明不加入英愛條約。

(十)若厄爾斯德不加入，他的國會便仍有現在權利，並且共同委派代表劃定南北疆界。

愛爾蘭國內對於和約的態度計分爲兩派：伏列賴一派主張拒絕，格里菲士和高林士等則主張批准。兩派互相爭論，結果通過和約，伏列賴辭退總統職務，格里菲士繼之。在都柏林召集國會，批准和約，組織臨時政府。這麽一來，愛爾蘭便造成了一個新的三角局面：其一是厄爾斯德，以地理

（地處東北，與蘇格蘭僅隔一水，）宗教（人民多奉新教，）職業（大半業工）等與愛爾蘭互異的關係，始終不肯和新芬黨和好；其二是共和派，始終要統一愛爾蘭，所以屢次擾亂厄爾斯德的邊境；其三是共和派的軍隊，始終不承認臨時政府，佔據了若干城池，抵死抗拒。為了這種緣故，所以愛爾蘭的問題，仍然未得解決。

敬啟

『民國專題史』叢書，乃民國時期出版的著名學者、專家在某一專題領域的學術成果。所收圖書絕大部分著作權已進入公有領域，但仍有極少圖書著作權還在保護期内，需按相關要求支付著作權人或繼承人報酬。因未能全部聯系到相關著作權人，請見到此説明者及時與河南人民出版社聯系。

聯系人　楊光
聯系電話　0371-65788063
2016年3月28日